프레임워크 없는 프론트엔드 개발

프레임워크 없는 프론트엔드 개발

자바스크립트 프레임워크 뜯어보기

프란세스코 스트라촐로 지음 류영선 옮김

ili
에이콘

에이콘출판의 기틀을 마련하신 故 정완재 선생님 (1935-2004)

사랑하는 엄마, 아빠께

지은이 소개

프란세스코 스트라츨로^{Francesco Strazzullo}

경험 많은 프론트엔드 엔지니어, 자바스크립트 트레이너이자 마르카 사용자 그룹^{MUG, Marca User Group}의 공동 설립자다. 유럽 전역의 콘퍼런스와 미트업 행사에서 발표했고 여러 기술 서적의 기술 감수자며 블로그에 기술 기사를 게재하고 있다. 새로운 API의 시험에 항상 열정적이며 새로운 것을 배우는 가장 좋은 방법은 다른 사람들에게 설명하고 가르치는 것이라고 확신한다. 프레임워크를 사용하지 않고 소프트웨어를 개발하는 데 관심이 있는 사람들의 그룹인 프레임워크 없는 운동^{Frameworkless Movement}을 공동 설립했다.

알렉산더 치네두 나큐 Alexander Chinedu Nnakwue

나이지리아 이바단Ibadan 대학교에서 기계 공학을 전공했다. 웹과 모바일 기술 분야의 프론트엔드 개발자로 3년 이상 일했으며, 기술 저자, 기고가, 검토자로서의 경험이 있다. 웹 프로그래밍을 좋아하며 때로는 축구를 즐긴다. 현재 나이지리아 라고스에 거주하고 있다.

감사의 말

이 책은 내 여자 친구 루시아^{Lucia}가 없었다면 나오지 못했을 것이다. 그녀는 나를 격려해주며 거의 1년 동안 자바스크립트와 프레임워크, 의사 결정에 대한 얘기를 참을성 있게 들어줬다. 그녀의 지원과 더불어 내 삶에 가져다주는 모든 행복에 감사한다.

이 책은 나의 절친한 친구 로렌조 마사치^{Lorenzo Massacci}와 커피를 마시면서 나오게 됐다. 사무실에서 커피를 마시면서 그가 "어떻게 해야 애플리케이션이 영원히 지속되게 할 수 있을까"라는 질문을 던졌다. 이 질문에 바로 대답할 수 없었지만 그때부터 애플리케이션의 수명과 프레임워크의 관계를 생각하기 시작하고, 프레임워크 없는 접근 방식을 고민하기 시작했다.

이 책을 만드는 데 있어 중요한 역할을 한 또 다른 요소는 내가 일하는 회사인 플로잉^{Flowing}이다. 플로잉에서 일하면서 내 기술에 대한 믿음을 갖게 됐으며 나의 야망을 이루고 더 나은 개발자가 될 수 있었다.

마지막으로 이 책을 준비하는 데 도움을 준 아반스코페르타^{Avanscoperta}에게 감사드린다. 그들이 주최한 워크숍에서 참석자들에게 들은 프레임워크 없는 접근법에 대한 소중한 피드백이 내 생각을 책으로 작성할 용기가 됐다.

이 책은 프레임워크 없이 효과적으로 작업하는 방법과 프로젝트에 적합한 프레임워크를 선택하는 방법의 두 가지 주제를 다룬다. 이 주제를 제대로 연구하고자 동료인 안토니오 델아바Antonio Dell'Ava 및 알레산드로 바이올리니Alessandro Violini와 함께 프레임워크 없는 운동Frameworkless Movement을 만들었다. 이 운동의 선언문은 공식 웹사이트(http://frameworklessmovement.org)에 게시돼 있다.

이 운동의 목적은 '프레임워크 없는'이라는 주제에 대한 인식을 고취하고 이 주제를 논의할 커뮤니티를 만드는 것이다. 주요 관심사 중 하나는 사람들이 프레임워크 없이 작업하는 것이 진정으로 가능하다는 것을 이해하게 돕는 것이다. 이 책은 사람들이 기술적 의사 결정의 중요성을 이해하게 돕는 노력 중 하나다.

우리는 유럽 전역에서 다양한 행사를 조직하고 있다. 관심이 있고 참여하고 싶다면 info@frameworklessmovement.org로 연락주기 바란다.

옮긴이 소개

류영선(rebelion@naver.com)

소프트웨어 엔지니어로서 오랫동안 웹 브라우저와 웹 서버를 개발했다. 그 경험을 바탕으로 현재는 W3C와 다양한 국제 표준화 단체에서 웹과 관련된 표준화 업무를 담당하고 있다. 최근에는 웹 기술을 PC에서 벗어나 모바일이나 스마트TV, 디지털 사이니지Digital Signage, 웨어러블Wearable, 오토모티브Automotive 등 다양한 IoT 디바이스에 접목하는 오픈 웹 플랫폼Open Web Platform에 관심을 갖고 관련 기술을 연구 중이다. 아울러 워크숍이나 세미나 강연과 학술 기고를 통해 오픈 웹 플랫폼과 웹 기술의 전파에 힘쓰고 있다. 옮긴 책으로 에이콘 출판사에서 펴낸『반응형 웹 디자인』(2012)과『HTML5 웹소켓 프로그래밍』(2014),『WebRTC 프로그래밍』(2015),『자바스크립트 디자인 패턴』(2016),『자바스크립트 언락』(2017),『객체지향 자바스크립트 3/e』(2017),『사물인터넷 자바스크립트 프로그래밍』(2018),『모던 C++ 프로그래밍 쿡북』(2019),『산업인터넷 애플리케이션 개발』(2020),『리액트 머티리얼 UI 쿡북』(2020) 등 다수가 있다.

'프레임워크 없는 운동Frameworkless Movement'을 들어본 적이 있는가? 이 운동의 목적은 '프레임워크 없는'이라는 주제를 논의할 커뮤니티를 만들고, 사람들이 프레임워크 없는 프론트엔드 애플리케이션 개발이 가능하다는 것을 이해하도록 돕는 데 있다.

처음 제이쿼리가 등장했을 때만 해도 브라우저 간 호환성이 보장되지 않았기 때문에 이런 프레임워크가 제공하는 표준화된 API와 다양한 도구의 지원은 프론트엔드 애플리케이션 개발자들에게 날개를 달아주는 역할을 했다. 그러나 앵귤러JS, 리액트, 앵귤러에 이르기까지 자바스크립트 프레임워크 전성시대라고 불릴 만큼 고성능의 다양한 프레임워크가 등장하면서 오히려 개발자가 공부해야 할 주제는 많아지고 어떤 프레임워크를 사용해야 할지 모르게 되는 소위 '자바스크립트 피로javascript fatigue'가 점점 더 커지게 됐다.

이 책은 프레임워크나 서드파티 라이브러리를 사용하지 않고 프론트엔드 애플리케이션을 개발하는 방법을 알아본다. 현재 브라우저 간 호환성이 잘 보장되고 있고 표준 ECMAScript의 지원 범위가 넓어짐에 따라 대부분의 프론트엔드 애플리케이션을 프레임워크 없이 작성할 수 있게 됐다. 그러나 이 책은 프레임워크 없는 옵션만 옳다고 주장하지는 않는다. 때에 따라서는 적절한 프레임워크의 선택이 개발 시간의 단축과 프로젝트의 성공에 큰 도움이 된다는 사실을 인정하고 체계적인 분석과 의사 결정 기법에 따라 '적합한' 프레임워크를 선택하는 방법도 설명한다.

상투적인 문구이기는 하지만 작업을 마치고 나면 항상 미흡한 부분에 대한 아쉬움이 남기 마련이다. 꽤 많은 정성과 시간을 기울여 작업했지만, 저자의 의도를 충분히 전달하지 못하거나 잘못 번역된 부분이 있을 수 있다. 잘못된 부분이나 책의 내용과 관련된 어떤 의견이라도 보내주시면 소중히 다루겠다.

끝으로 항상 나를 지지해주고 지원을 아끼지 않으며 힘이 되어주는 사랑하는 가족, 아내 지은과 딸 예서에게 감사의 말을 전한다. 항상 책이 발간될 때까지 함께 작업을 해주시는 출판사와 편집자 분께도 감사를 전한다. 좋은 인연으로 에이콘 출판사와 작업을 해온 지 어느덧 10년이 됐다. 앞으로도 좋은 인연을 계속 이어갈 수 있으면 한다. 작년 한해는 '코로나'라는 이름으로 기억이 될 것 같다. 나뿐만 아니라 많은 사람이 코로나로 인해 힘든 시간을 보냈을 것이다. 그러나 반면 생각해보면 코로나로 인해 집에서 가족과 함께하는 시간이 많아지면서 가족과 함께 하는 시간과 가족의 소중함을 다시 한 번 깨닫게 되는 좋은 기회도 됐다. 부디 하루빨리 코로나가 종식되고 일상으로 복귀해 가족들과 함께 자유롭게 여행을 떠나는 날이 오기를 기도해본다. "우리는 답을 찾을 것이다, 언제나 그랬듯이…"

차례

예제 코드 다운로드

이 책에 사용된 소스코드는 에이프레스 홈페이지(https://www.apress.com/gp/book/9781484249666), 에이프레스 깃허브 저장소(https://github.com/Apress/frameworkless-front-end-development)와 에이콘출판사의 도서정보 페이지(http://www.acornpub.co.kr/book/frameworkless-front-end)에서 다운로드할 수 있다.

문의

한국어판에 관한 질문이 있다면 에이콘출판사 편집 팀(editor@acornpub.co.kr)이나 옮긴이의 이메일로 문의하길 바란다.

프레임워크에 대한 이야기

프레임워크는 필요 없다. 중요한 것은 그림이지 프레임(그림틀)이 아니다.

― 클라우스 킨스키(Klaus Kinski)

프레임워크 없이 프론트엔드 애플리케이션을 효과적으로 개발하는 방법에 관한 책을 읽어야 하는 이유는 무엇일까? 때로는 프레임워크만으로 작업을 수행하기가 충분하지 않기 때문이다. 이 책은 프레임워크 없이 애플리케이션을 개발하는 전략을 이해하는 데 도움을 주고, 적합한 작업에 맞는 적합한 도구를 선택하는 방법도 알려줄 것이다.

1장에서는 프레임워크에 대한 나의 생각과 프레임워크 없이 개발하는 방법을 배우는 것이 왜 중요한지에 대한 나의 믿음으로 시작한다. 짧은 소개 후에는 프레임워크 없이 작업하는 방법을 알아본다. 렌더링, 라우팅, 상태 관리 등의 예를 보여준다. 프레임워크 없이 작업하는 방법을 배우고 나면 이 방법이 자신의 프로젝트에 적합한 선택인지 알 수 있게 될 것이다.

이 책의 마지막 장은 자신에게 가장 적합한 도구를 결정하는 데 도움이 될 것이다.

또한 기술적 의사 결정과 함께 의사 결정에서의 장단점을 평가하는 방법도 알아본다.

이제 이 책에서 무엇을 기대할 수 있는지 알게 됐을 것이다. 이제 프레임워크에 대한 이야기를 시작해보자.

프레임워크란?

더 깊이 들어가기 전에 이 책 전반에 걸쳐 사용하는 프레임워크의 정의를 알아보자. 캠브리지 사전의 정의는 다음과 같다.

무언가를 만들 수 있는 지지 구조

이 정의는 소프트웨어 프레임워크의 일반적인 개념과 일치한다. 앵귤러 애플리케이션의 구조를 생각해 보면 이 정의와 정확히 일치하는 것을 알 수 있다. 앵귤러는 서비스, 구성 요소와 파이프 같은 기본 요소를 사용해 애플리케이션을 빌드하는 데 필요한 구조를 제공한다.

실제 애플리케이션에서 스택은 다른 요소들을 포함한다. 로대쉬Loadash를 사용해 배열이나 객체를 조작하거나 Moment.js를 사용해 날짜를 파싱할 수 있다.

이것이 프레임워크 도구일까? 자바스크립트 커뮤니티는 이를 라이브러리라고 부른다.

그러면 라이브러리와 프레임워크의 차이는 무엇일까? 내가 발표할 때 즐겨 사용하는 정의는 다음과 같다.

프레임워크는 코드를 호출한다. 코드는 라이브러리를 호출한다.

프레임워크는 내부적으로 하나 이상의 라이브러리를 사용할 수 있지만, 개발자가 모듈식 프레임워크를 선택하면 프레임워크를 단일 단위나 여러 모듈로 보는 개발자에게는 이러한 사실이 숨겨진다.

코드베이스와 프레임워크 및 라이브러리 간의 관계는 그림 1-1에 요약돼 있다.

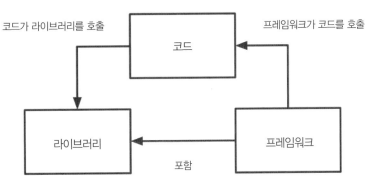

그림 1-1. 프레임워크와 라이브러리, 코드 간의 관계

프레임워크와 라이브러리 비교

몇 가지 예제 코드를 사용해 프레임워크와 라이브러리의 차이점을 알아보자. 여기서는 앵귤러와 Moment.js를 사용한다.

리스트 1-1과 리스트 1-2는 앵귤러 Component와 Service의 기본 예제다.

리스트 1-1. 앵귤러 Service 예제

```
import { Injectable } from '@angular/core';
import { HttpClient } from '@angular/common/http';

const URL = 'http://example.api.com/';

@Injectable({
    providedIn: 'root',
})
```

```
export class PeopleService {
    constructor(private http: HttpClient) { }
    list() {
        return this.http.get(URL);
    }
}
```

리스트 1-2. 앵귤러 Component 예제

```
import { Component, OnInit } from '@angular/core';
import { PeopleService } from '../people.service';

@Component({
    selector: 'people-list',
    templateUrl: './people-list.component.html'
})
export class PeopleListComponent implements OnInit {

    constructor(private peopleService: PeopleService) { }

    ngOnInit() {
        this.loadList();
    }

    loadList(): void {
        this.peopleService.getHeroes()
                .subscribe(people => this.people = people);
    }
}
```

리스트 1-3은 Moment.js를 사용해 날짜를 형식화하는 예제다.

리스트 1-3. Moment.js 예제

```
import moment 'moment';

const DATE_FORMAT = 'DD/MM/YYYY';

export const formatDate = date => {
    return moment(date).format(DATE_FORMAT);
}
```

앞의 정의를 염두에 두면 앵귤러는 프레임워크고 Moment.js는 라이브러리(날짜 조작에 사용됨)라는 것을 쉽게 이해할 수 있다. 앵귤러에서 PeopleListComponent가 PeopleService와 상호작용하게 하려면 @Injectable 어노테이션을 사용하고 생성자에 인스턴스를 넣어야 한다. 앵귤러는 개발자가 코드로 채울 수 있는 구조와 표준 작업에 도움이 되는 유틸리티 세트(HttpClient 같은)를 제공한다.

Moment.js는 애플리케이션 코드를 어떻게 구성해야 하는지에 대해 특별한 형식을 요구하지 않는다. 그저 가져와 사용하기만 하면 된다. 공개 API를 존중하는 한 계속해서 사용할 수 있다. 이 정의를 사용해 자주 사용하는 많은 npm 패키지를 분류할 수 있다. 이 프레임워크에는 앵귤러와 Vue.js, Ember.js가 포함된다. 다양한 라이브러리를 목적에 따라 분류하면 표 1-1과 같다.

표 1-1. 몇 가지 자바스크립트 라이브러리

목적	라이브러리
유틸리티	Lodash, Underscore.js
날짜 조작	Moment.js, date-fns
데이터 시각화	D3.js, Highcharts
애니메이션	Tween.js, Anime.js
HTTP 요청	axios

프론트엔드 개발자에게 가장 인기 있는 툴 중 하나인 리액트^{React}가 목록에서 제외됐다. 과연 리액트는 라이브러리일까? 아니면 프레임워크일까? 이 질문에 답하기 전에 먼저 이 주제에 대한 힌트를 얻을 수 있는 새로운 개념인 프레임워크 방식 framework's way을 소개한다.

프레임워크 방식

리스트 1-3에서 보듯이 Moment.js는 개발자가 어떻게 코드에 통합하는지 강요하지 않는다. 이에 반해 앵귤러는 매우 독선적이다. 앞 절의 예제들에서 이에 대해 이미 살펴봤다. 다음 절에서는 몇 가지 제약 조건을 알아본다.

언어

일반 ECMAScript로도 앵귤러 애플리케이션을 작성할 수 있긴 하지만, TypeScript가 앵귤러 생태계의 사실상 표준이다. TypeScript는 일반 자바스크립트로 컴파일되는 자바스크립트의 형식화된 슈퍼 세트다. 유형 검사 외에도 어노테이션 같은 원본 언어에서는 존재하지 않는 여러 기능을 제공한다.

TypeScript는 강력한 형식의 언어로 작업하는 데 익숙해지면 아주 유용하다. 그러나 앵귤러를 사용하면 작성되는 모든 코드는 트랜스파일러transpiler가 필요하다.

의존성 주입

요소가 앵귤러 애플리케이션에서 통신할 수 있게 하려면 유형에 따라 의존성 주입dependency Injection 메커니즘을 사용해 요소를 주입해야 한다. 이전 버전의 앵귤러JS에는 서비스 로케이터 패턴service locator pattern을 기반으로 하는 의존성 주입 메커니즘이 있었다. 앵귤러JS에서 동일한 주입은 리스트 1-4와 같다.

리스트 1-4. 앵귤러JS 의존성 주입

```
const peopleListComponent = peopleService => {
    //실제 코드
};

angular.component('people-list',[
    'peopleService',
    peopleListComponent
]);
```

이 책의 뒷부분에서는 코드를 체계적으로 유지하게 해주는 아주 간단한 서비스 로케이터를 작성하는 방법을 설명한다.

옵저버블

앵귤러는 옵저버블^{observable}을 사용한 반응형 프로그래밍용 라이브러리인 RxJS를 기반으로 설계됐다. PeopleListService에서 데이터를 가져오려면 Observable 객체의 subscribe 메서드를 사용해야 한다. 이 접근 방식은 HTTP 요청이 프라미스^{promise}처럼 설계되는 다른 프론트엔드 프레임워크와 다르다. 프라미스는 비동기 작업의 최종 완료(또는 실패)를 나타내는 표준 방법이다. RxJS를 사용하면 옵저버블을 프라미스로, 또는 반대로 프라미스를 옵저버블로 쉽게 변환할 수 있다.

앵귤러 프로젝트에서 프라미스 기반 라이브러리를 통합해야 하는 경우 추가 작업을 수행해야 한다. 리스트 1-5와 리스트 1-6은 프라미스에 기반을 두고 HTTP 요청을 수행하는 라이브러리인 엑시오스^{axios}를 사용하는 방법을 보여준다.

리스트 1-5. 옵저버블을 사용하지 않은 앵귤러 서비스

```
import axios from 'axios';
const URL = 'http://example.api.com/';
```

```
export default {
    list() {
        return axios.get(URL);
    }
}
```

리스트 1-6. 옵저버블을 사용하지 않는 앵귤러 구성 요소

```
import people from 'people.js';

export class PeopleList {
    load(){
        people
            .list()
            .then(people => {
                this.people = people
            });
    }
}
```

참고

PeopleListComponent는 people 서비스를 사용하는 클래스다. 프라미스의 동작 방식을 보여 주는 것 외에 특별한 용도는 없다. 나는 프레임워크의 모든 제약 조건을 '프레임워크 방식'이라 고 부른다.

프레임워크의 핵심 멤버들이 만든 제약 조건 외에도 프레임워크 방식에는 다른 제약 조건도 포함된다. 예를 들어 커뮤니티의 사실상 표준은 핵심 표준만큼이나 중요하다.

앵귤러JS 생태계에서 존 파파^{John Papa}의 스타일 가이드(https://github.com/johnpapa/ angular-styleguide/tree/master/a1)가 앵귤러JS 애플리케이션을 작성하는 '방식^{the way}' 이었다. 이를 꼭 따라 해야 하는 것은 아니지만 웹에서 볼 수 있는 대부분의 코드는

이런 방식으로 작성됐다.

이런 제약 조건이 반드시 좋거나 나쁜 것은 아니다. 하지만 프로젝트에 적합한 도구인지를 평가하려면 팀이 선택한 프레임워크의 '방식'을 분석하는 것은 매우 중요하다.

리액트에 대해 이야기해보자

리액트가 라이브러리인지 프레임워크인지 이해하는 것이 프레임워크 방식과 어떤 관련이 있을까? 리액트 홈페이지에서 리액트는 '사용자 인터페이스 구축을 위한 자바스크립트 라이브러리'라고 정의돼 있다.

아주 쉬워 보인다. 즉, 리액트는 라이브러리다. 그러나 현실은 이보다 훨씬 더 복잡하다. 리액트의 주요 제약 사항은 선언적 패러다임의 사용이다. DOM을 직접 조작하는 대신 구성 요소의 상태를 수정한다. 그러면 리액트가 대신 DOM을 수정한다. 이 프로그래밍 방식은 리액트 생태계의 대부분 라이브러리에서 통용된다. 리스트 1-7은 리액트 구성 요소를 애니메이션하기 위한 라이브러리인 Pose의 아주 간단한 예제다. 이 예제 코드의 목적은 사용자가 토글 버튼을 누를 때마다 애니메이션으로 사각형을 표시하거나 숨기는 것이다(그림 1-2 참고).

리스트 1-7. 리액트 Pose 애니메이션 예제

```
import React, { Component } from 'react';
import posed from 'react-pose';

const Box = posed.div({
    hidden: { opacity: 0 },
    visible: { opacity: 1 },
    transition: {
        ease: 'linear',
        duration: 500
    }
```

```
});

class PosedExample extends Component {
    constructor (props) {
        super(props)
        this.state = {
            isVisible: true
        }

        this.toggle = this.toggle.bind(this)
    }

    toggle () {
        this.setState({
            isVisible: !this.state.isVisible
        })
    }

    render () {
        const { isVisible } = this.state
        const pose = isVisible ? 'visible' : 'hidden'
        return (
            <div>
                <Box className='box' pose={pose} />
                <button onClick={this.toggle}>Toggle</button>
            </div>
        )
    }
}

export default PosedExample
```

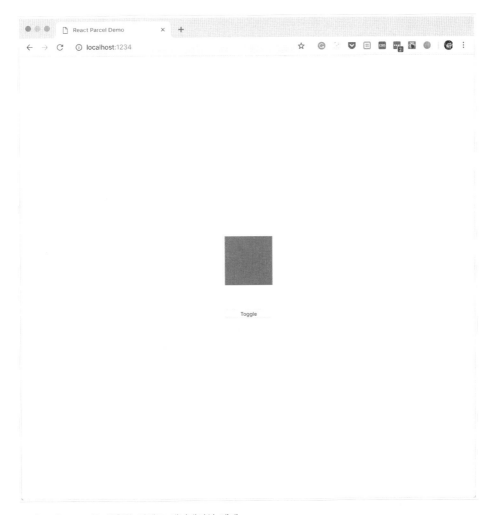

그림 1-2. Pose를 사용한 리액트 애니메이션 예제

그림 1-2에서 볼 수 있듯이 직접 사각형을 애니메이션하도록 작업하지 않는다. 애니메이션으로 상태를 매핑하는 방법(표시 또는 숨김)을 선언한 다음, 상태를 변경하면 된다. 이것이 리액트에서 사용되는 선언적 패턴의 핵심이다.

리스트 1-8은 동일한 결과를 보여주지만 웹 애니메이션 API(https://developer.mozilla.org/en-US/docs/Web/API/Web_Animations_API)라는 표준 API를 기반으로 한다.

```
import React, { Component } from 'react'

const animationTiming = {
    duration: 500,
    ease: 'linear',
    fill: 'forwards'
}

const showKeyframes = [
    { opacity: 0 },
    { opacity: 1 }
]

const hideKeyframes = [
    ...showKeyframes
].reverse()

class PosedExample extends Component {
    constructor (props) {
        super(props)
        this.state = {
            isVisible: true
        }

        this.toggle = this.toggle.bind(this)
    }

    toggle () {
        this.setState({
            isVisible: !this.state.isVisible
        })
    }

    componentDidUpdate (prevProps, prevState) {
        const { isVisible } = this.state
        if (prevState.isVisible !== isVisible) {
```

```
                const animation = isVisible ? showKeyframes :
                        hideKeyframes
                this.div.animate(animation, animationTiming)
            }
        }

    render () {
        return (
            <div>
                <div ref={div => { this.div = div }} className='box' />
                <button onClick={this.toggle}>Toggle</button>
            </div>
        )
        }
    }
}

export default PosedExample
```

리액트 개발자라면 두 번째 예제가 어색하게 보일 것이다. 명령형 패턴으로 사각
형을 움직이기 때문이다. 이 '기묘함strangeness'이 리액트는 라이브러리가 아닌 프
레임워크라고 내가 믿는 이유다. 나는 이것이 코드 때문이 아니라 리액트 커뮤니
티에서 이를 사용할 때 수용한 제약 사항 때문이라고 믿는다. 다시 말해 선언적
패턴은 리액트 방식의 일부다.

팁

작업을 처리할 때 '프레임워크 방식'을 사용하고 있다면 프레임워크라고 볼 수 있다.

자바스크립트 프레임워크 연혁

이번 절에서는 프론트엔드 프레임워크의 간략한 역사를 알아본다. 공식적인 것은 아니지만 프론트엔드 생태계에서 가장 중요한 이정표는 다음과 같다.

제이쿼리

2006년, 존 레식[John Resig]이 만든 제이쿼리[jQuery]는 모든 자바스크립트 프레임워크의 모체가 됐다. http://libscore.com/#libs에서 볼 수 있듯이 실제 제품 환경에서 가장 많이 사용되는 프레임워크다. 제이쿼리의 가장 중요한 기능은 `var element = $('.my-class')` 같은 유명한 선택자[selector] 구문이다.

지금은 쓸모없는 것처럼 보이지만, 2006년에는 브라우저가 오늘날과 같이 통일돼 있지 않았다는 점을 고려해야 한다. 이것이 제이쿼리가 프론트엔드 세계에 가져다 준 진정한 가치다. 제이쿼리는 브라우저 간 공통어(링구아 프랑카[lingua franca])를 만들었으며, 이는 커뮤니티가 공통의 토양에서 성장하도록 도와줬다. 선택자 구문 외에도 AJAX 요청, 애니메이션, 기타 유틸리티 같은 많은 기능이 핵심 프로젝트에 추가됐고 프론트엔드 개발의 맥가이버 칼(만능 도구)이 됐다.

제이쿼리는 쉽게 플러그인할 수 있는 jQueryUI라는 공식 UIKit을 갖고 있어 웹에서 모든 요구 사항을 만족시킬 수 있게 됐다. 오늘날 프론트엔드 개발자들이 제이쿼리를 우습게 여기는 경향이 있지만 제이쿼리는 현대 웹 개발의 초석 역할을 했다.

앵귤러JS

제이쿼리가 문자의 발명이라면 앵귤러JS는 구텐베르크의 인쇄술에 비견할 만하다. 앵귤러JS는 2009년 미스코 헤브리[Miško Hevery]에 의해 부수적인 프로젝트로 개발

됐다. 나중에 그는 구글의 직원이 됐고 이런 이유로 앵귤러JS는 지금은 구글 엔지니어가 관리한다. 1.0 버전은 2011년 5월에 릴리스됐다. 앵귤러JS는 단일 페이지 애플리케이션을 주류로 만드는 데 큰 역할을 했다.

가장 주목할 만한 기능은 양방향 데이터 바인딩이다. 리스트 1-9에서 이 특성을 살펴볼 수 있다. 예제에서는 가장 유명한 앵귤러JS의 지시문^{directive}인 ng-model을 사용했다.

리스트 1-9. 앵귤러JS 양방향 데이터 바인딩 예제

```
<div ng-app="app" ng-controller="ctrl">
    Value: <input ng-model="value">
    <h1>You entered: {{value}}</h1>
</div>
<script>
    angular
        .module('app', [])
        .controller('ctrl', [
            '$scope',
            $scope => {
                $scope.value = 'initial value'
            }
        ]);
</script>
```

이 메커니즘의 핵심은 $scope 객체다. $scope의 모든 변경 사항은 DOM에 자동으로 적용된다. 입력 이벤트는 $scope 객체에 새로운 값을 생성한다. 그림 1-3에서 양방향 데이터 바인딩 시스템의 스키마를 확인할 수 있다.

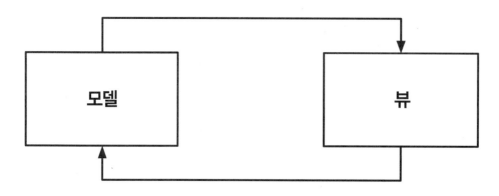

모델 변경, 뷰 업데이트

뷰 변경, 모델 업데이트

그림 1-3. 양방향 데이터 바인딩 스키마

양방향 데이터 바인딩 덕분에 개발자는 웹 애플리케이션을 빠르게 작성할 수 있게 됐다. 그러나 양방향 데이터 바인딩이 대규모 애플리케이션에는 적합하지 않기 때문에 시간이 지나자 많은 개발자가 앵귤러JS를 떠났다. 어쨌든 앵귤러JS는 많은 개발자를 프론트엔드 생태계로 이끌어준 가치 있는 프레임워크였다.

리액트

2011년 페이스북에서 만들어 2013년 오픈소스로 공개한 리액트[React]는 현재 가장 인기 있는 프론트엔드 라이브러리(또는 '프레임워크')다. 다음과 같이 첫 번째 렌더링에서 경과된 시간(초)을 표시하는 간단한 Timer 구성 요소의 코드를 살펴보자(리스트 1-10 참조).

리스트 1-10. 라이프사이클 메서드를 갖고 있는 기본 리액트 구성 요소

```
import React, { Component } from 'react'
import { render } from 'react-dom'
```

```
class Timer extends Component {
    constructor(props){
        super(props)
        this.state = {
            seconds: 0
        }
    }

    componentDidMount() {
        this.interval = setInterval(() => {
            const { seconds } = this.state
            this.setState({
                seconds: seconds + 1
            })
        },1000)
    }

    componentWillUnmount() {
        clearInterval(this.interval)
    }

    render(){
        const { seconds } = this.state
        return (
            <div>
                Seconds Elapsed: {seconds}
            </div>
        )
    }
}

const mountNode = document.getElementById('app')

render(<Timer></Timer>, mountNode)
```

리액트는 선언적 패러다임으로 동작한다. 일반적으로 DOM을 직접 수정하는 대신 setState 메서드로 상태를 변경하면 리액트가 나머지 작업을 수행한다.

기술적으로 보면 리액트는 프레임워크가 아니라 렌더링 라이브러리다. 프론트엔드 커뮤니티에서 제안한 상태 관리 같은 아주 재미있는 아이디어들로 이 간극을 메울 수 있었다. 7장에서 Redux와 MobX를 포함한 이런 라이브러리 중 일부를 알아본다.

앵귤러

앵귤러는 원래 앵귤러JS의 새로운 버전으로 시작됐기 때문에 이전에는 앵귤러2로 불렸다. 프로젝트의 팀은 시맨틱 버전 관리를 매우 진지하게 여겼기 때문에 앵귤러2는 완전히 다른 프레임워크가 됐고 두 버전 사이의 완전히 다른 접근 방식으로 인해 프로젝트는 중단됐다. 2016년 9월 앵귤러2의 첫 번째 릴리스 이후에 팀은 6개월마다 새로운 메이저 버전을 제공하기로 계획한 릴리스 주기를 지키고자 결국 프로젝트 앵귤러의 이름을 바꾸기로 결정했다.

앵귤러는 엔터프라이즈 세계를 타깃으로 삼았다. 많은 회사에서 단일 페이지 애플리케이션을 개발하는 데 앵귤러JS를 사용했지만, 앵귤러JS는 애초에 대규모 애플리케이션용으로 설계된 것이 아니었다. 타입스크립트^{TypeScript}가 앵귤러로 작업할 때 사용하는 사실상의 표준이었기 때문에 많은 자바와 C# 개발자가 프론트엔드 애플리케이션 개발에 쉽게 접근하는 데 도움이 됐다.

기술 부채

프로젝트에 기능을 추가할 때 여러 옵션이 있다. 어떤 것은 빠르지만 지저분한 반면 어떤 것은 잘 설계됐지만 대신 느리다. 이런 결정이 어떤 영향을 주는지 이해하기 쉽도록 워드 커닝햄^{Ward Cunningham}은 기술 부채^{technical debt}(http://wiki.c2.com/?WardExplainsDebtMetaphor)라는 개념을 도입했다. 기본 개념은 아주 간단하다. 지저분한 솔루션을 선택할수록 부채는 늘어난다.

그림 1-4에서 볼 수 있듯이 부채가 발생하기 시작하면 이자로 인해 지속적으로 증가하는 금융 부채와 마찬가지로 기존 기능의 변경이나 새로운 기능의 추가에 따르는 비용은 시간이 지남에 따라 기하급수적으로 늘어난다.

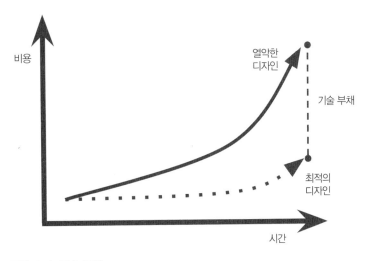

그림 1-4. 기술 부채

프레임워크 비용

기술 부채에 대해 별도의 절을 할애해 설명하는 이유는, 모든 프레임워크가 기술 부채를 갖고 있다고 믿기 때문이다. 너무 주관적인 주장 같긴 하지만 부채 비유에 대해 다시 한 번 생각해보자. 일반적으로 최적이 아닌 방법을 선택할 때 부채가 발생하기 시작한다. 여기서 말하고 싶은 요점은 내 문제를 해결하는 데 있어 다른 사람의 코드가 최적이 될 수는 없다는 것이다. 물론 새로운 프로젝트에서 팀이 처음부터 모든 것을 새로 구축할 수 있는 충분한 시간을 갖고 있는 이상적인 세상에서나 가능한 일일 것이다. 모든 프로젝트에서 자바스크립트로 작업한다고 생각하는 것은 너무나 순진한 생각이다. 프레임워크가 무료라고 생각하는 것 역시 순진한 생각이다. 미래에 코드 변경이 어렵다는 측면에서 보면 모든 프레임워크에는 비용이 발생한다. 프레임워크는 아키텍처 자체에 이미 비용을 포함하고 있다. 시간이 지남에 따라 시장이나 다른 요인으로 인해 소프트웨어의 변경이 필요하며, 아키텍처 역시 변경돼야 한다. 대부분의 경우 프레임워크는 이런 변경이 필요한 상황에서 장애물이 된다.

기술 투자

1장을 시작할 때 프레임워크를 반대하는 것이 이 책의 목적은 아니라고 말했다. 이는 모든 프레임워크가 기술 부채를 갖고 있다는 생각과 대조된다. 프레임워크가 항상 기술 부채를 갖고 있다면 어떻게 프레임워크가 좋다고 말할 수 있겠는가? 하지만 기술 부채가 항상 나쁜 것만은 아니라는 사실을 명심하자. 금융 세계에서 부채가 반드시 나쁜 것만은 아니듯이 말이다. 예를 들어 집을 구입할 때 보통 부채인 대출을 활용한다. 이 경우 사람들은 대출을 나쁜 것이 아닌 투자로 간주한다. 반면에 안정적인 직업도 없는 친구가 페라리를 사고자 대출을 받는다면 여러분은 그 친구를 막으려 할 것이다. 중요한 차이점은 부채 자체가 아니라 부채가 필요한 이유다.

소프트웨어 개발에 있어서도 동일한 메커니즘이 적용된다. 합리적인 이유로 빠른 솔루션을 사용한다면 기술 부채가 아니라 기술 투자가 된다. 투자는 부채의 한 유형이지만 쓸모없는 것이 아니다. 합당한 이유로 선정된 프레임워크는 비용이 아니라 자산이다. 8장에서는 이런 논리로 프레임워크가 프로젝트의 자산이 될지 판단하는 데 사용하는 몇 가지 기술적 방법과 '비용'이 적게 드는 프레임워크를 선택하는 방법을 알아본다.

요약

1장에서는 '프레임워크'를 정의하고 라이브러리의 차이를 알아봤다. 자바스크립트 프레임워크의 간단한 역사를 살펴보고 프론트엔드 생태계의 가치를 알아봤다. 마지막으로 기술 부채의 의미와 프레임워크와의 관계를 배웠다.

2장에서는 렌더링과 DOM 조작의 기본 원리를 알아본다.

렌더링

모든 웹 애플리케이션에서 가장 중요한 기능 중 하나는 데이터의 표시다. 좀 더 명확하게 말해 데이터를 표시한다는 것은 요소를 화면이나 다른 출력 장치에 렌더링하는 것을 의미한다. W3C^{World Wide Web Consortium}는 프로그래밍 방식으로 요소를 렌더링하는 방식을 문서 객체 모델^{DOM, Document Object Model}로 정의했다. 2장의 목적은 프레임워크 없이 DOM을 효과적으로 조작하는 방법을 배우는 데 있다.

문서 객체 모델

DOM은 웹 애플리케이션을 구성하는 요소를 조작할 수 있는 API다. 자세한 내용은 W3C 규격 페이지(https://www.w3.org/TR/1998/WD-DOM-19980720/introduction.html)를 참조한다.

DOM을 이해하려면 기본으로 돌아가 보자. 기술적 관점에서 보면 모든 HTML 페이지(또는 그 일부)는 트리로 구성된다. 리스트 2-1의 HTML 테이블은 그림 2-1과 같은 DOM으로 표현된다.

리스트 2-1. 간단한 HTML 테이블

```
<html>
<body>
    <table>
        <tr>
            <th>Framework</th>
            <th>GitHub Stars</th>
        </tr>
        <tr>
            <td>Vue</td>
            <td>118917</td>
        </tr>
        <tr>
            <td>React</td>
            <td>115392</td>
        </tr>
    </table>
</body>
</html>
```

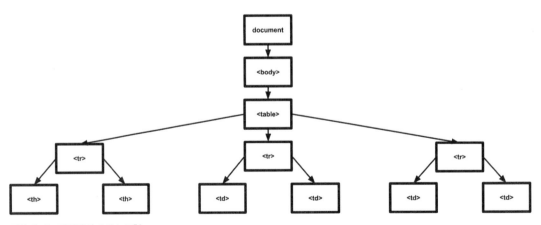

그림 2-1. 테이블의 DOM 표현

이 예제에서 DOM이 HTML 요소로 정의된 트리를 관리하는 방법임을 알 수 있다. 따라서 리액트 셀의 배경색을 변경하려면 리스트 2-2와 같이 작성하면 된다.

리스트 2-2. React 셀의 색상 변경

```
const SELECTOR = 'tr:nth-child(3) > td'
const cell = document.querySelector(SELECTOR)
cell.style.backgroundColor = 'red'
```

코드는 간단하다. 표준 CSS 선택자selector를 사용해 querySelector 메서드로 올바른 셀을 선택한 다음 셀 노드의 **style** 속성을 변경한다. **querySelector** 메서드는 Node 메서드다. Node는 HTML 트리에서 노드를 나타내는 기본 인터페이스다. 모질라 개발자 네트워크 페이지(https://developer.mozilla.org/en-US/docs/Web/API/Node)에서 모든 Node의 메서드와 속성을 확인할 수 있다.

렌더링 성능 모니터링

웹용 렌더링 엔진을 설계할 때는 가독성readability과 유지 관리성maintainability을 염두에 둬야 한다. 렌더링은 모든 웹 애플리케이션에서 매우 중요한 작업이다. 렌더링 엔진을 처음부터 새로 작성하기로 결정했다면 이해하고 발전시키기 쉽게 설계해야 한다.

렌더링 엔진에서 또 다른 중요한 요소는 성능이다. 다음 절에서는 렌더링 엔진의 성능을 모니터링하는 여러 도구를 살펴본다.

크롬 개발자 도구

먼저 브라우저, 특히 크롬Chrome에서 잘 알려진 개발자 도구를 살펴본다. 렌더링 성능 모니터링에서 사용할 수 있는 기능 중 하나는 편리한 초당 프레임 수FPS, Frames-Per-Second다. 크롬 '개발자 도구'를 열고 Cmd/Ctrl+Shift+P를 눌러 명령 메뉴를 표시한다. 그런 다음 Show frame per seconds (FPS) meter 메뉴 항목을 선택하면 그림 2-2와 같은 명령 메뉴를 볼 수 있다.

그림 2-2. 크롬 명령 메뉴

화면 오른쪽 상단에 FPS 미터가 나타난다. 그림 2-3에서 볼 수 있듯이 GPU에서 사용하는 메모리양이 표시된다.

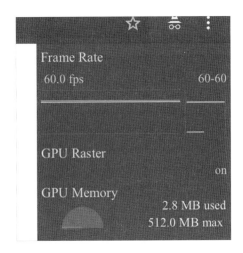

그림 2-3. 크롬 FPS 미터

stats.js

애플리케이션의 FPS를 모니터링하는 또 다른 방법은 어떤 웹 애플리케이션에도 쉽게 포함시킬 수 있는 아주 간단한 라이브러리인 stats.js(https://github.com/mrdoob/stats.js/)를 사용하는 것이다. 또한 이 도구는 프레임과 할당된 메가바이트의 메모리를 렌더링하는데 필요한 밀리초를 표시할 수도 있다. 깃허브^{GitHub} 저장소의 Readme 페이지에서 그림 2-4와 같이 어떤 웹 사이트에도 위젯을 연결할 수 있는 간단한 북마크렛^{bookmarklet}을 확인할 수 있다.

그림 2-4. 프레임을 렌더링하는 데 필요한 밀리초를 표시하는 stats.js 위젯

사용자 정의 성능 위젯

애플리케이션의 FPS를 보여주는 위젯의 작성은 매우 쉽다. requestAnimationFrame 콜백^{callback}을 사용해 현재 렌더링 사이클과 다음 사이클 사이의 시간을 추적하고 콜백이 1초 내에 호출되는 횟수를 추적하면 된다. 리스트 2-3에서 예제 위젯을 확인할 수 있다.

리스트 2-3. 사용자 정의 성능 모니터 위젯

```
let panel
let start
let frames = 0

const create = () => {
    const div = document.createElement('div')

    div.style.position = 'fixed'
    div.style.left = '0px'
    div.style.top = '0px'
    div.style.width = '50px'
    div.style.height = '50px'
    div.style.backgroundColor = 'black'
    div.style.color = 'white'

    return div
}

const tick = () => {
    frames++
    const now = window.performance.now()
    if (now >= start + 1000) {
        panel.innerText = frames
        frames = 0
        start = now
    }
    window.requestAnimationFrame(tick)
```

```
}

const init = (parent = document.body) => {
    panel = create()

    window.requestAnimationFrame(() => {
        start = window.performance.now()
        parent.appendChild(panel)
        tick()
    })
}

export default {
    init
}
```

FPS를 계산한 다음 위젯에 숫자를 표시(예제의 경우)하거나 콘솔을 사용해 데이터를 출력하면 된다.

렌더링 함수

순수하게 함수를 사용해 요소를 DOM에 렌더링하는 다양한 방법을 분석해보자. 순수 함수로 요소를 렌더링한다는 것은 DOM 요소가 애플리케이션의 상태에만 의존한다는 것을 의미한다. 이 개념을 이해하려면 그림 2-5를 살펴보자.

$$view = f(state)$$

그림 2-5. 순수 함수 렌더링의 수학적 표현

애플리케이션의 '상태'를 좀 더 잘 정의하고 관리하는 방법은 7장에서 설명한다.

순수 함수를 사용하면 테스트 가능성이나 구성 가능성 같은 많은 장점이 있지만 몇 가지 문제도 있다. 이는 이 장의 뒷부분에서 자세히 살펴본다.

TodoMVC

2장의 예제를 위해 TodoMVC 템플릿을 사용한다. TodoMVC(http://todomvc.com) 는 다양한 프레임워크로 작성된 동일한 할 일$^{to-do}$ 리스트의 구현을 모아놓은 프로 젝트다. http://todomvc.com/examples/react/#/에서 TodoMVC 구현의 라이브 데 모를 볼 수 있다. 그림 2-6은 표준 TodoMVC 애플리케이션을 보여준다.

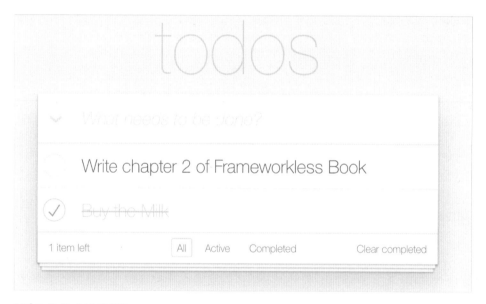

그림 2-6. TodoMVC 예제

이제 렌더링에 집중해보자. 먼저 항목과 툴바를 렌더링한다. 이후의 장들에서는 완전한 애플리케이션을 작성하고자 HTTP 요청, 이벤트 처리 같은 다른 요소를 추 가한다.

순수 함수 렌더링

첫 번째 예제에서는 문자열을 사용해 요소를 렌더링한다. 다음 예제 코드에서 TodoMVC 애플리케이션의 골격을 볼 수 있다. 이 예제의 전체 코드는 https://github. com/Apress/frameworkless-front-end-development/tree/master/Chapter02/01 에서 확인할 수 있다. 리스트 2-4는 index.html의 내용을 보여준다.

리스트 2-4. 기본 TodoMVC 앱 구조

```html
<body>
    <section class="todoapp">
        <header class="header">
            <h1>todos</h1>
            <input
                class="new-todo"
                placeholder="What needs to be done?"
                autofocus="">
        </header>
        <section class="main">
            <input
                id="toggle-all"
                class="toggle-all"
                type="checkbox">
            <label for="toggle-all">
                Mark all as complete
            </label>
            <ul class="todo-list"></ul>
        </section>
        <footer class="footer">
            <span class="todo-count"></span>
            <ul class="filters">
                <li>
                    <a href="#/">All</a>
                </li>
                <li>
```

```
                <a href="#/active">Active</a>
            </li>
            <li>
                <a href="#/completed">Completed</a>
            </li>
        </ul>
        <button class="clear-completed">
            Clear completed
        </button>
    </footer>
</section>
<footer class="info">
    <p>Double-click to edit a todo</p>
</footer>
</body>
```

이 애플리케이션을 동적으로 만들려면 to-do 리스트 데이터를 가져와 다음을 업데이트한다.

- 필터링된 todo 리스트를 가진 ul
- 완료되지 않은 todo 수를 가진 span
- selected 클래스를 오른쪽에 추가한 필터 유형을 가진 링크

리스트 2-5는 함수 렌더링의 첫 번째 버전을 보여준다.

리스트 2-5. TodoMVC 렌더링 함수의 첫 번째 버전

```
const getTodoElement = todo => {
    const {
        text,
        completed
    } = todo
    return `
```

```
    <li ${completed ? 'class="completed"' : "}>
        <div class="view">
            <input
                ${completed ? 'checked' : "}
                class="toggle"
                type="checkbox">
            <label>${text}</label>
            <button class="destroy"></button>
        </div>
        <input class="edit" value="${text}">
    </li>`
}

const getTodoCount = todos => {
    const notCompleted = todos
        .filter(todo => !todo.completed)

    const { length } = notCompleted
    if (length === 1) {
        return '1 Item left'
    }

    return `${length} Items left`
}

export default (targetElement, state) => {
    const {
        currentFilter,
        todos
    } = state

    const element = targetElement.cloneNode(true)
    const list = element.querySelector('.todo-list')
    const counter = element.querySelector('.todo-count')
    const filters = element.querySelector('.filters')

    list.innerHTML = todos.map(getTodoElement).join(")
```

```
    counter.textContent = getTodoCount(todos)

    Array
        .from(filters.querySelectorAll('li a'))
        .forEach(a => {
            if (a.textContent === currentFilter) {
                a.classList.add('selected')
            } else {
                a.classList.remove('selected')
            }
        })

    return element
}
```

이 뷰 함수는 기본으로 사용되는 타깃 DOM 요소를 받는다. 그런 다음 원래 노드를 복제하고 state 매개변수를 사용해 업데이트한다. 그런 다음 새 노드를 반환한다. 이들 DOM 수정은 가상^{virtual}임을 명심하자. 여기서는 분리된^{detached} 요소로 작업하고 있다. 분리된 요소를 생성하고자 cloneNode 메서드를 사용해 기존 노드를 복제한다. 새로 생성된 이 DOM 요소는 실제 DOM 요소다. 정확히 원본과 동일한 복제본이지만 문서의 본문과는 전혀 관련이 없다.

리스트 2-5에서는 DOM의 실제 수정 사항이 커밋되지 않았다. 분리된 DOM 요소를 수정하면 성능이 향상된다. 이 뷰 함수를 실제 DOM에 연결하고자 리스트 2-6과 같은 간단한 컨트롤러를 사용한다.

리스트 2-6. 기본 컨트롤러

```
import getTodos from './getTodos.js'
import view from './view.js'

const state = {
    todos: getTodos(),
```

```
    currentFilter: 'All'
}

const main = document.querySelector('.todoapp')

window.requestAnimationFrame(() => {
    const newMain = view(main, state)
    main.replaceWith(newMain)
})
```

작성한 간단한 '렌더링 엔진'은 requestAnimationFrame(https://developer.mozilla.org/en-US/docs/Web/API/window/requestAnimationFrame)을 기반으로 한다. 모든 DOM 조작이나 애니메이션은 이 DOM API를 기반으로 해야 한다. 이 콜백 내에서 DOM 작업을 수행하면 더 효율적이 된다. 이 API는 메인 스레드를 차단하지 않으며 다음 다시 그리기[repaint]가 이벤트 루프에서 스케줄링되기 직전에 실행된다. 이벤트 루프의 동작 방식을 더 잘 이해하려면 https://vimeo.com/254947206에서 제이크 아치발드[Jake Archibald]의 강연을 참고한다.

여기서 작성하는 데이터 모델은 랜덤 데이터 생성에 유용한 작은 라이브러리인 Faker.js(https://github.com/marak/Faker.js/)로 생성된 랜덤 배열이다. 그림 2-7에서 첫 번째 렌더링 예제의 스키마를 볼 수 있다.

그림 2-7. 정적 렌더링 스키마

코드 리뷰

여기서의 렌더링 방식은 requestAnimationFrame과 가상 노드 조작을 사용해 충분한 성능을 보여준다. 하지만 뷰 함수는 읽기 쉽지 않다. 코드는 두 가지 중요한 문제를 갖고 있다.

- **하나의 거대한 함수**. 여러 DOM 요소를 조작하는 함수가 단 하나뿐이다. 이는 상황을 아주 쉽게 복잡하게 만들 수 있다.
- **동일한 작업을 수행하는 여러 방법**. 문자열을 통해 리스트 항목을 생성한다. todo count 요소의 경우 단순히 기존 요소에 테스트를 추가하기만 하면 된다. 필터의 경우 classList를 관리한다.

다음 예제에서는 뷰를 좀 더 작은 함수로 나누고 일관성 문제를 해결해보자. 두 번째 버전의 전체 코드는 https://github.com/Apress/frameworkless-front-end-development/tree/master/Chapter02/02에서 확인할 수 있다.

리스트 2-7은 새로 작성된 애플리케이션의 버전을 보여준다. 리스트 2-8과 2-9, 2-10은 카운터와 필터, 리스트의 새로운 함수를 보여준다.

리스트 2-7. 작은 뷰 함수로 작성된 앱 뷰 함수

```
import todosView from './todos.js'
import counterView from './counter.js'
import filtersView from './filters.js'

export default (targetElement, state) => {
    const element = targetElement.cloneNode(true)

    const list = element
        .querySelector('.todo-list')
    const counter = element
        .querySelector('.todo-count')
    const filters = element
```

```
            .querySelector('.filters')

    list.replaceWith(todosView(list, state))
    counter.replaceWith(counterView(counter, state))
    filters.replaceWith(filtersView(filters, state))

    return element
}
```

리스트 2-8. 할 일의 수를 보여주는 뷰 함수

```
const getTodoCount = todos => {
    const notCompleted = todos
        .filter(todo => !todo.completed)

    const { length } = notCompleted
    if (length === 1) {
        return '1 Item left'
    }

    return `${length} Items left`
}

export default (targetElement, { todos }) => {
    const newCounter = targetElement.cloneNode(true)
    newCounter.textContent = getTodoCount(todos)
    return newCounter
}
```

리스트 2-9. TodoMVC 필터를 렌더링하는 뷰 함수

```
export default (targetElement, { currentFilter }) => {
    const newCounter = targetElement.cloneNode(true)
    Array
        .from(newCounter.querySelectorAll('li a'))
        .forEach(a => {
            if (a.textContent === currentFilter) {
```

```
                a.classList.add('selected')
            } else {
                a.classList.remove('selected')
            }
        })
    return newCounter
}
```

리스트 2-10. 리스트를 렌더링하는 뷰 함수

```
const getTodoElement = todo => {
    const {
        text,
        completed
    } = todo

    return `
        <li ${completed ? 'class="completed"' : ''}>
            <div class="view">
                <input
                    ${completed ? 'checked' : ''}
                    class="toggle"
                    type="checkbox">
                <label>${text}</label>
                <button class="destroy"></button>
            </div>
            <input class="edit" value="${text}">
        </li>`
}

export default (targetElement, { todos }) => {
    const newTodoList = targetElement.cloneNode(true)
    const todosElements = todos
        .map(getTodoElement)
        .join('')
    newTodoList.innerHTML = todosElements
```

```
    return newTodoList
  }
```

이제 코드가 훨씬 나아졌다. 동일한 서명의 세 개의 개별 함수를 만들었다. 이들 함수는 이 책에서 작성하는 구성 요소 라이브러리의 첫 번째 초안이 된다.

구성 요소 함수

앱 뷰(리스트 2-7 참고)의 코드를 확인해보면 올바른 함수를 수동으로 호출해야 한다는 것을 알 수 있다. 구성 요소 기반의 애플리케이션을 작성하려면 구성 요소 간의 상호작용에 선언적 방식을 사용해야 한다. 시스템은 모든 부분을 자동으로 연결할 것이다.

다음 애플리케이션(https://github.com/Apress/frameworkless-front-end-development/tree/master/Chapter02/03)은 구성 요소 레지스트리를 갖는 렌더링 엔진의 예다. 이 목표를 달성하고자 먼저 해야 할 일은 특정 사례에서 사용할 구성 요소를 선언하는 방법을 정의하는 것이다. 예제에서는 todos, counters, filters의 세 가지 구성 요소를 가진다. 리스트 2-11에서 데이터 속성(https://developer.mozilla.org/en-US/docs/Learn/HTML/Howto/Use_data_attributes)을 사용해 어떤 구성 요소를 사용할지 결정하는 방법을 알 수 있다.

리스트 2-11. 구성 요소를 사용하고자 데이터 속성을 사용하는 앱

```
<section class="todoapp">
    <header class="header">
        <h1>todos</h1>
        <input
            class="new-todo"
            placeholder="What needs to be done?"
            autofocus>
```

```
        </header>
        <section class="main">
            <input
                id="toggle-all"
                class="toggle-all"
                type="checkbox">
                <label for="toggle-all">
                    Mark all as complete
                </label>
            <ul class="todo-list" data-component="todos">
            </ul>
        </section>
        <footer class="footer">
            <span
                class="todo-count"
                data-component="counter">
                1 Item Left
            </span>
            <ul class="filters" data-component="filters">
                <li>
                    <a href="#/">All</a>
                </li>
                <li>
                    <a href="#/active">Active</a>
                </li>
                <li>
                    <a href="#/completed">Completed</a>
                </li>
            </ul>
            <button class="clear-completed">
                Clear completed
            </button>
        </footer>
    </section>
```

리스트 2-11에서 구성 요소의 'name'을 data-component 속성에 넣었다. 이 속성은 뷰 함수의 필수 호출을 대체한다. 구성 요소 라이브러리를 생성하기 위한 또 다른 필수 조건은 레지스트리[registry]로, 레지스트리는 애플리케이션에서 사용할 수 있는 모든 구성 요소의 인덱스다. 여기서 구현할 수 있는 가장 간단한 레지스트리는 리스트 2-12와 같은 일반 자바스크립트 객체다.

리스트 2-12. 간단한 구성 요소 레지스트리

```
const registry = {
    'todos': todosView,
    'counter': counterView,
    'filters': filtersView
}
```

레지스트리의 키는 data-component 속성 값과 일치한다. 이것이 구성 요소 기반 렌더링 엔진의 핵심 메커니즘이다. 이 메커니즘은 루트 컨테이너(애플리케이션 뷰 함수)뿐만 아니라 생성할 모든 구성 요소에도 적용돼야 한다. 이렇게 하면 모든 구성 요소가 다른 구성 요소 안에서도 사용될 수 있다. 이런 재사용성[reusability]은 구성 요소 기반 애플리케이션에서 필수적이다.

이 작업을 위해서는 모든 구성 요소가 data-component 속성의 값을 읽고 올바른 함수를 자동으로 호출하는 기본 구성 요소에서 상속돼야 한다. 하지만 순수 함수로 작성하고 있기 때문에 실제로는 이 기본 객체에서 상속받을 수 없다. 따라서 구성 요소를 래핑하는 고차 함수[high-order function]를 생성해야 한다. 이 고차 함수의 예는 리스트 2-13에서 보여준다.

리스트 2-13. 고차 함수 렌더링

```
const renderWrapper = component => {
    return (targetElement, state) => {
        const element = component(targetElement, state)
```

```
const childComponents = element
    .querySelectorAll('[data-component]')

Array
    .from(childComponents)
    .forEach(target => {
        const name = target
            .dataset
            .component

        const child = registry[name]
        if (!child) {
            return
        }

        target.replaceWith(child(target, state))
    })

return element
    }
}
```

이 래퍼 함수는 원래 구성 요소를 가져와 동일한 서명의 새로운 구성 요소를 반환한다. 시스템에서 두 함수는 동일하다. 래퍼는 레지스트리에서 data-component 속성을 가진 모든 DOM 요소를 찾는다. 요소가 발견되면 자식 구성 요소를 호출한다. 그러나 자식 구성 요소는 동일한 함수로 래핑된다. 이런 방식으로 재귀 함수처럼 마지막 구성 요소까지 쉽게 탐색할 수 있다.

레지스트리에 구성 요소를 추가하려면 리스트 2-14와 같이 이전 함수로 구성 요소를 래핑하는 간단한 함수가 필요하다.

리스트 2-14. 레지스트리 접근자(Accessor) 메서드

```
const add = (name, component) => {
    registry[name] = renderWrapper(component)
}
```

또한 최초 DOM 요소에서 렌더링을 시작하려면 애플리케이션의 루트를 렌더링하는 메서드를 제공해야 한다. 예제 애플리케이션에서 이 메서드는 renderRoot며, 리스트 2-15에서 코드를 확인할 수 있다.

리스트 2-15. 구성 요소 기반 애플리케이션의 부팅 함수

```
const renderRoot = (root, state) => {
    const cloneComponent = root => {
        return root.cloneNode(true)
    }

    return renderWrapper(cloneComponent)(root, state)
}
```

add와 renderRoot 메서드는 구성 요소 레지스트리의 공용 인터페이스다.

마지막으로 해야 할 일은 리스트 2-16과 같이 컨트롤러에서 모든 요소를 혼합하는 것이다.

리스트 2-16. 구성 요소 레지스트리를 사용하는 컨트롤러

```
import getTodos from './getTodos.js'
import todosView from './view/todos.js'
import counterView from './view/counter.js'
import filtersView from './view/filters.js'

import registry from './registry.js'

registry.add('todos', todosView)
```

```
registry.add('counter', counterView)
registry.add('filters', filtersView)

const state = {
    todos: getTodos(),
    currentFilter: 'All'
}

window.requestAnimationFrame(() => {
    const main = document.querySelector('.todoapp')
    const newMain = registry.renderRoot(main, state)
    main.replaceWith(newMain)
})
```

이것으로 첫 번째 구성 요소 기반 애플리케이션을 프레임워크 없이 작성했다. 실제 구성 요소 기반 애플리케이션의 첫 도약(https://gojko.net/2014/06/09/forget-the-walking-skeleton-put-it-on-crutches/)으로 생각해도 될 것이다. 그림 2-8에서 애플리케이션의 기본 스키마를 확인할 수 있다.

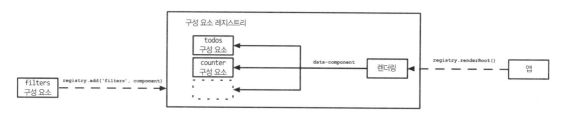

그림 2-8. 구성 요소 레지스트리 스키마

동적 데이터 렌더링

이전 예제에서는 정적 데이터를 사용했다. 그러나 실제 애플리케이션에서는 사용자나 시스템의 이벤트에 의해 데이터가 변경된다. 3장에서 이벤트 리스너를 알아보겠지만 지금은 리스트 2-17과 같이 5초마다 상태를 무작위로 변경해보자.

리스트 2-17. 5초마다 임의의 데이터를 렌더링

```
const render = () => {
    window.requestAnimationFrame(() => {
        const main = document.querySelector('.todoapp')
        const newMain = registry.renderRoot(main, state)
        main.replaceWith(newMain)
    })
}

window.setInterval(() => {
    state.todos = getTodos()
    render()
}, 5000)

render()
```

새 데이터가 있을 때마다 가상 루트 요소를 만든 다음 실제 요소를 새로 생성된 요소로 바꾼다. 이 방법은 소규모 애플리케이션에서는 충분한 성능을 발휘하지만 대규모 프로젝트에서는 성능을 저하시킬 수 있다.

가상 DOM

리액트에 의해 유명해진 가상 DOM 개념은 선언적 렌더링 엔진의 성능을 개선시키는 방법이다. UI 표현은 메모리에 유지되고 '실제' DOM과 동기화된다. 실제 DOM은 가능한 한 적은 작업을 수행한다. 이 과정은 조정[reconciliation]이라고 불린다. 예를 들어 실제 DOM 요소가 다음과 같은 간단한 리스트라고 가정해보자.

```
<ul>
    <li>First Item</li>
</ul>
```

이를 다음과 같은 새 요소의 리스트로 변경하고자 한다.

```
<ul>
    <li>First Item</li>
    <li>Second Item</li>
</ul>
```

이전 알고리즘에서는 전체 ul을 교체했다. 가상 DOM 방법을 사용하면 시스템은 추가된 마지막 li가 실제 DOM에 필요한 유일한 작업임을 동적으로 이해한다. 가상 DOM의 핵심은 diff 알고리즘이다. 이 알고리즘은 실제 DOM을 문서에서 분리된(즉, 가상의) 새로운 DOM 요소의 사본으로 바꾸는 가장 빠른 방법을 찾아낸다. 그림 2-9는 이 메커니즘을 시각적으로 보여준다.

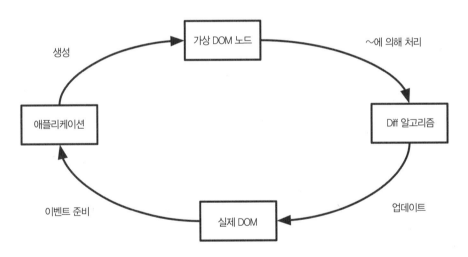

그림 2-9. 가상 DOM

간단한 가상 DOM 구현

메인 컨트롤러에서 replaceWith 대신 사용할 아주 간단한 diff 알고리즘을 작성해 보자(리스트 2-18 참고).

diff 알고리즘을 사용하는 메인 컨트롤러

```
const render = () => {
    window.requestAnimationFrame(() => {
        const main = document.querySelector('.todoapp')
        const newMain = registry.renderRoot(main, state)
        applyDiff(document.body, main, newMain)
    })
}
```

applyDiff 함수 매개변수는 현재 DOM 노드와 실제 DOM 노드, 새로운 가상 DOM 노드의 부모다. 이 함수의 역할을 분석해보자.

먼저 새 노드가 정의되지 않은 경우 실제 노드를 삭제한다.

```
if (realNode && !virtualNode) {
    realNode.remove()
}
```

실제 노드가 정의되지 않았지만 가상 노드가 존재하는 경우 부모 노드에 추가한다.

```
if (!realNode && virtualNode) {
    parentNode.appendChild(virtualNode)
}
```

두 노드가 모두 정의된 경우 두 노드 간에 차이가 있는지 확인한다.

```
if (isNodeChanged(virtualNode, realNode)) {
    realNode.replaceWith(virtualNode)
}
```

isNodeChanged 함수 코드는 잠시 후에 분석한다. 그러나 먼저 모든 하위 노드에 대해 동일한 diff 알고리즘을 적용해야 한다.

```
const realChildren = Array.from(realNode.children)
const virtualChildren = Array.from(virtualNode.children)

const max = Math.max(
    realChildren.length,
    virtualChildren.length
)
for (let i = 0; i < max; i++) {
    applyDiff(
        realNode,
        realChildren[i],
        virtualChildren[i]
    )
}
```

리스트 2-19에서 applyDiff 함수의 전체 코드를 볼 수 있다. 리스트 2-20은 isNodeChanged 함수의 코드를 보여준다.

리스트 2-19. applyDiff 함수

```
const applyDiff = (
        parentNode,
        realNode,
        virtualNode) => {
    if (realNode && !virtualNode) {
        realNode.remove()
        return
    }

    if (!realNode && virtualNode) {
        parentNode.appendChild(virtualNode)
        return
```

```
    }

    if (isNodeChanged(virtualNode, realNode)) {
        realNode.replaceWith(virtualNode)
        return
    }

    const realChildren = Array.from(realNode.children)
    const virtualChildren = Array.from(virtualNode.children)

    const max = Math.max(
        realChildren.length,
        virtualChildren.length
    )
    for (let i = 0; i < max; i++) {
        applyDiff(
            realNode,
            realChildren[i],
            virtualChildren[i]
        )
    }
}
```

리스트 2-20. isNodeChanged 함수

```
const isNodeChanged = (node1, node2) => {
    const n1Attributes = node1.attributes
    const n2Attributes = node2.attributes
    if (n1Attributes.length !== n2Attributes.length) {
        return true
    }

    const differentAttribute = Array
            .from(n1Attributes)
            .find(attribute => {
        const { name } = attribute
```

```
    const attribute1 = node1
        .getAttribute(name)
    const attribute2 = node2
        .getAttribute(name)

    return attribute1 !== attribute2
})

if (differentAttribute) {
    return true
}

if (node1.children.length === 0 &&
        node2.children.length === 0 &&
        node1.textContent !== node2.textContent) {
    return true
}

return false
}
```

이 diff 알고리즘 구현에서는 노드를 다른 노드와 비교해 노드가 변경됐는지 확인한다.

- 속성 수가 다르다.
- 하나 이상의 속성이 변경됐다.
- 노드에는 자식이 없으며, textContent가 다르다.

개선된 검사 수행으로 성능을 높일 수 있지만 렌더링 엔진을 최대한 간단하게 유지하는 것이 좋다. 2장의 앞에서 언급한 도구 중 하나를 사용해 성능을 확인하자. 문제가 발생하면 상황에 맞게 알고리즘을 조정한다. 도널드 크누스^{Donald Knuth}는 "시기상조의 최적화는 모든(또는 적어도 대부분의) 악의 근원이다"라고 말했다.

요약

2장에서는 프레임워크 없이 애플리케이션의 렌더링 엔진을 만드는 방법을 배웠다. 또한 간단한 구성 요소 레지스트리 작성 방법과 가상 DOM 알고리즘을 사용해 엔진 성능을 향상시키는 방법도 살펴봤다.

3장에서는 사용자 이벤트를 관리하는 방법과 이런 이벤트를 렌더링 엔진과 통합하는 방법을 알아본다.

3장

DOM 이벤트 관리

2장에서는 렌더링, 일반적으로는 데이터와 일치하는 DOM 요소를 어떻게 그리는지 알아봤다. 그러나 웹 애플리케이션은 고정된 그림이 아니다. 애플리케이션의 내용은 시간이 지남에 따라 변경된다. 이런 변경이 발생하게 만드는 것이 이벤트다.

이벤트는 사용자에 의해 또는 시스템에 의해 생성됐는지 여부와 관계없이 DOM API에서 매우 중요한 부분이다. 3장의 목적은 프레임워크 없이 애플리케이션에서 이런 이벤트를 관리하는 방법을 이해하는 것이다.

3장은 DOM 이벤트 API의 소개로 시작한다. 이벤트 핸들러가 무엇이며 이를 DOM 요소에 올바르게 연결하는 방법을 배운다. 그리고 대화형 관리 이벤트를 TodoMVC 애플리케이션에 추가한다.

YAGNI 원칙

3장에서는 2장에서 작성한 렌더링 엔진을 수정해 DOM 이벤트 관리를 추가한다. 그렇다면 왜 2장에서 이벤트를 무시한 불완전한 엔진을 배웠을까? 두 가지 이유는 가독성과 단순성 때문이다. 나는 실제 프로젝트에도 동일한 접근 방식을 사용한다. 먼저 가장 중요한 기능에 초점을 맞춰 개발하고 새로운 요구가 생기면 이에 따라 아키텍처를 지속적으로 발전시켜 나간다. 이것이 YAGNI(You aren't gonna need it; 정말 필요하다고 간주할 때까지 기능을 추가하지 마라)라고 하는 익스트림 프로그래밍XP, eXtreme Programming 원칙 중 하나다. YAGNI 원칙을 더 잘 설명하고자 나는 XP의 창시자 중 한 명인 론 제프리스Ron Jeffries의 다음 인용문을 자주 사용한다.

당신이 필요하다고 예측할 때가 아니라 실제로 필요할 때 구현하라.

이는 어떤 사례에서도 따를 만한 좋은 원칙이지만 프레임워크 없는 프로젝트에서는 절대적으로 중요하다. 프레임워크 없는 접근 방식에 대해 종종 듣게 되는 비판 중 하나는 바로 "아무도 유지 관리하지 않는 또 다른 프레임워크를 작성했다"는 것이다. 아키텍처를 과도하게 엔지니어링할 경우 실제로 이런 위험이 따른다. 자신만의 아키텍처를 작성할 때 반드시 YAGNI 원칙을 적용해 당시에 직면한 문제만을 해결해야 한다. 미래를 예견하려 하지 마라.

2장에서 작성한 코드를 YAGNI 원칙에 대한 참조로 바라보기 바란다. 렌더링에 필요한 가능한 한 최적의 코드를 작성하려고 노력했고 나중에 믹스mix에 이벤트만 추가했다.

DOM 이벤트 API

이벤트는 웹 애플리케이션에서 발생하는 동작으로, 브라우저는 사용자에게 이를 알려줘 사용자는 어떤 방식으로든 반응할 수 있다. 다양한 이벤트 타입이 있다. 전체 리스트는 모질라 개발자 네트워크(https://developer.mozilla.org/en-US/docs/Web/Events)를 참고한다.

마우스 이벤트(클릭, 더블 클릭 등), 키보드 이벤트(키다운, 키업 등), 뷰 이벤트(크기 조정, 스크롤 등)를 포함한 사용자가 트리거한 이벤트에 반응할 수 있다. 또한 시스템 자체에서도 이벤트를 생성할 수 있다. 예를 들어 네트워크 상태의 변화나 DOM 콘텐츠가 로드될 때 발생하는 이벤트에 따라 사용자는 반응할 수 있다(그림 3-1 참고).

그림 3-1. 기본 클릭 이벤트 라이프사이클

이벤트에 반응하려면 이벤트를 트리거한 DOM 요소(이벤트 핸들러로 불리는 콜백)에 연결해야 한다.

팁

뷰나 시스템 이벤트의 경우 이벤트 핸들러를 window 객체에 연결해야 한다.

속성에 핸들러 연결

이벤트 핸들러를 DOM 요소에 연결하는 방법에 빠르지만 지저분한 방법으로 on* 속성을 사용하는 방법이 있다. 모든 이벤트 타입마다 DOM 요소에 해당되는 속성을 가진다. 버튼에는 onclick 속성이 있으며 ondblclick, onmouseover, onblur, onfocus 속성도 가진다. 속성은 리스트 3-1과 같이 핸들러를 쉽게 클릭 이벤트에 연결할 수 있다. 결과는 그림 3-2에서 볼 수 있다.

리스트 3-1. onclick 속성에 클릭 핸들러 연결

```
const button = document.querySelector('button')
button.onclick = () => {
    console.log('Click managed using onclick property')
}
```

그림 3-2. onclick 속성 핸들러의 예

앞에서 이 방법을 '빠르고 지저분한' 해결책이라고 말했다. 왜 빠른지는 쉽게 파악할 수 있을 것이다. 하지만 왜 지저분하다고 말했을까? 이런 해결책은 잘 동작하더라도 일반적으로는 나쁜 관행으로 간주된다. 가장 큰 이유는 속성을 사용하면 한 번에 하나의 핸들러만 연결할 수 있기 때문이다. 따라서 코드가 onclick 핸들러를 덮어 쓰면 원래 핸들러는 영원히 손실된다. 다음 절에서는 더 나은 접근 방식인 addEventListener 메서드를 배운다.

addEventListener로 핸들러 연결

이벤트를 처리하는 모든 DOM 노드에 EventTarget 인터페이스를 구현한다. 이 인터페이스의 addEventListener 메서드는 이벤트 핸들러를 DOM 노드에 추가한다.

리스트 3-2는 이 기술을 사용해 간단한 버튼 클릭 이벤트 핸들러를 추가하는 방법을 보여준다.

리스트 3-2. addEventListener로 클릭 핸들러 연결

```
const button = document.querySelector('button')
button.addEventListener('click', () => {
    console.log('Clicked using addEventListener')
})
```

첫 번째 매개변수는 이벤트 타입이다. 마지막 예제에서는 클릭 이벤트를 관리했지만 이벤트 타입을 처리하는 어떤 리스너도 추가할 수 있다. 두 번째 매개변수는 콜백이며 이벤트가 트리거될 때 호출된다.

property 메서드와 달리 **addEventListener**는 리스트 3-3에서 볼 수 있듯이 필요한 모든 핸들러를 연결할 수 있다.

리스트 3-3. 복수의 클릭 이벤트 핸들러

```
const button = document.querySelector('button')
button.addEventListener('click', () => {
    console.log('First handler')
})
button.addEventListener('click', () => {
    console.log('Second handler')
})
```

DOM에 요소가 더 이상 존재하지 않으면 메모리 누수를 방지하고자 이벤트 리스너도 삭제해야 한다. 이를 위해 **removeEventListener** 메서드를 사용한다. 리스트 3-4는 이를 보여준다.

```
const button = document.querySelector('button')
const firstHandler = () => {
    console.log('First handler')
}

const secondHandler = () => {
    console.log('Second handler')
}

button.addEventListener('click', firstHandler)
button.addEventListener('click', secondHandler)

window.setTimeout(() => {
    button.removeEventListener('click', firstHandler)
    button.removeEventListener('click', secondHandler)
    console.log('Removed Event Handlers')
}, 1000)
```

앞의 코드에서 가장 중요한 점은 이벤트 핸들러를 제거하려면 removeEventListener 메서드에 매개변수로 전달할 수 있도록 이에 대한 참조를 유지해야 한다는 것 이다.

이벤트 객체

지금까지 분석한 모든 코드에서 매개변수 없이 이벤트 핸들러가 작성됐다. 그러 나 이벤트 핸들러의 서명은 DOM 노드나 시스템에서 생성한 이벤트를 나타내는 매개변수를 포함할 수 있다. 리스트 3-5에서는 이 이벤트를 단순히 콘솔에 출력 한다.

그림 3-3에서 볼 수 있듯이 이벤트에는 포인터 좌표, 이벤트 타입, 이벤트를 트리 거한 요소 같은 유용한 정보가 많이 들어 있다.

리스트 3–5. 콘솔에 이벤트 객체 출력

```
const button = document.querySelector('button')
button.addEventListener('click', e => {
    console.log('event', e)
})
```

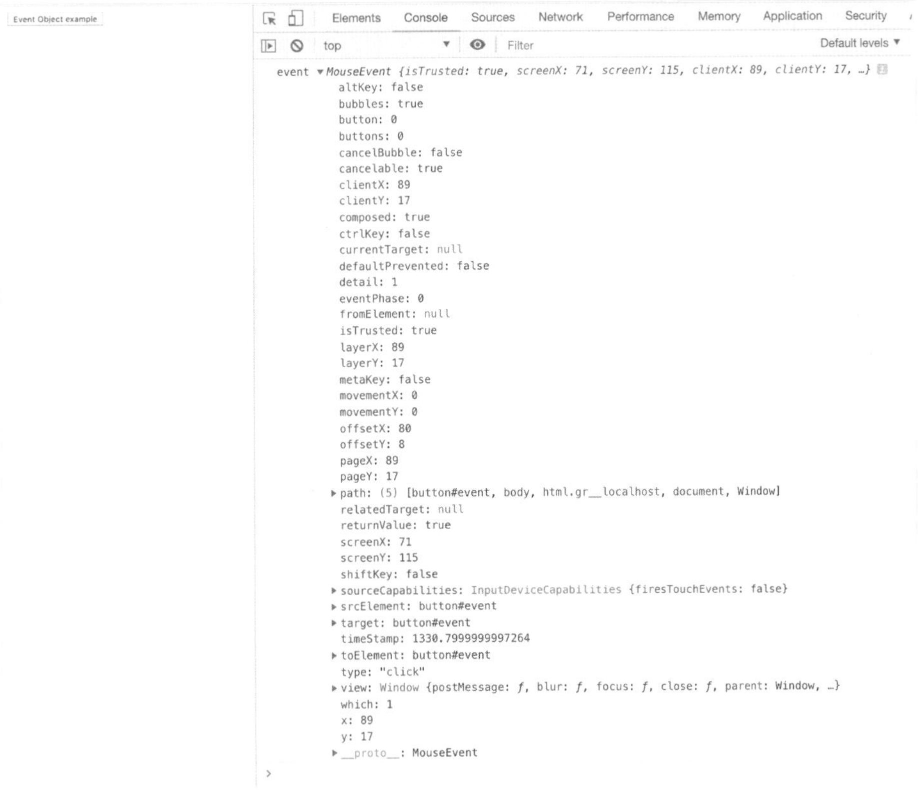

그림 3–3. 콘솔에 이벤트 객체 출력

웹 애플리케이션에 전달된 모든 이벤트에는 Event 인터페이스를 구현한다. 타입
에 따라 이벤트 객체는 Event 인터페이스를 확장하는 좀 더 구체적인 Event 인터
페이스를 구현할 수 있다.

click 이벤트(또는 dblclick, mouseup, mousedown)는 MouseEvent 인터페이스를 구현한다. 이 인터페이스에는 이벤트 중 포인터의 좌표나 이동에 대한 정보와 다른 유용한 데이터가 포함돼 있다. MouseEvent 인터페이스 계층 구조는 그림 3-4에서 확인할 수 있다.

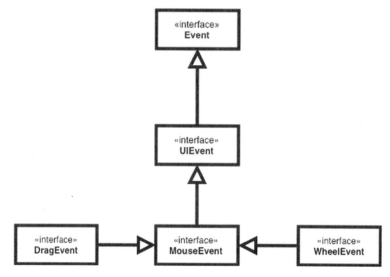

그림 3-4. MouseEvent 인터페이스 계층 구조

Event 인터페이스와 다른 인터페이스에 대한 전체 리스트는 https://developer. mozilla.org/en-US/docs/Web/API/Event에서 MDN 가이드를 참조한다.

DOM 이벤트 라이프사이클

addEventListener 메서드를 사용해 핸들러를 추가하는 코드에는 일반적으로 다음과 같은 내용이 포함된다.

```
button.addEventListener('click', handler, false)
```

세 번째 매개변수는 useCapture라고 불리며 기본값은 false다. 이 매개변수가 선택 사항이긴 하지만 이상적으로 폭넓은 브라우저 호환성을 얻으려면 포함시켜야 한다. 그러면 이벤트를 캡처한다는 것은 무엇을 의미할까? 그리고 useCapture를 true로 설정하면 어떻게 될까? 예제로 이를 알아보자. 다음과 같은 리스트 3-6의 HTML 구조를 생각해보자.

리스트 3-6. 간단한 중첩 HTML 구조

```
<body>
    <div>
        This is a container
        <button>Click Here</button>
    </div>
</body>
```

리스트 3-7에서 이벤트 핸들러는 div와 button의 DOM 요소에 모두 연결돼 있다.

리스트 3-7. 버블 단계 메커니즘의 예

```
const button = document.querySelector('button')
const div = document.querySelector('div')

div.addEventListener('click', () => {
    console.log('Div Clicked')
}, false)

button.addEventListener('click', () => {
    console.log('Button Clicked')
}, false)
```

버튼을 클릭하면 어떤 일이 발생할까? button이 div 안에 있으므로 button부터 시작해 두 핸들러가 모두 호출된다. 따라서 이벤트 객체는 이를 트리거한 DOM 노드(예제의 경우 button)에서 시작해 모든 조상 노드로 올라간다. 이 메커니즘을 버블 단계^{bubble}

phase나 이벤트 버블링^{event bubbling}이라고 한다. Event 인터페이스의 stopPropagation 메서드를 사용해 버블 체인을 중지할 수 있다. 리스트 3-8에서는 button 핸들러에서 div 핸들러를 중지하는 데 이 메서드를 사용한다.

리스트 3-8. 버블 체인 중지

```
const button = document.querySelector('button')
const div = document.querySelector('div')

div.addEventListener('click', () => {
    console.log('Div Clicked')
}, false)

button.addEventListener('click', e => {
    e.stopPropagation()
    console.log('Button Clicked')
}, false)
```

예제에서 div 핸들러는 호출되지 않는다. 이 기술은 복잡한 레이아웃에서 유용할 수 있지만 핸들러의 순서에 의존하는 경우 코드를 유지하기가 아주 어려워질 수 있다. 이런 경우 이벤트 위임^{event delegation} 패턴이 유용할 수 있다. 이벤트 위임은 3장의 끝에서 자세히 설명한다.

useCapture 매개변수를 사용해 핸들러의 실행 순서를 반대로 할 수 있다. 리스트 3-9에서 div 핸들러는 그림 3-5에서 볼 수 있듯이 button 핸들러보다 먼저 호출된다.

리스트 3-9. useCapture를 사용해 이벤트 핸들러 순서 바꾸기

```
const button = document.querySelector('button')
const div = document.querySelector('div')

div.addEventListener('click', e => {
    console.log('Div Clicked')
```

```
}, true)

button.addEventListener('click', e => {
    console.log('Button Clicked')
}, true)
```

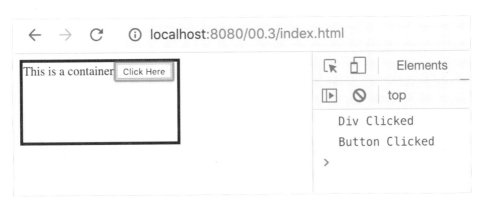

그림 3-5. 캡처 단계 사용

즉, addEventListener를 호출할 때 useCapture 매개변수에 true를 사용하면 버블 단계 대신 캡처 단계에 이벤트 핸들러를 추가한다는 것을 의미한다. 버블 단계에서는 핸들러가 상향식^{bottom-up}으로 처리되는 반면 캡처 단계에서는 반대로 처리된다. 시스템은 <html> 태그에서 핸들러 관리를 시작하고 이벤트를 트리거한 요소를 만날 때까지 내려간다. 생성된 모든 DOM 이벤트에 대해 브라우저는 캡처 단계(하향식^{top-down})를 실행한 다음 버블 단계(상향식)를 실행한다는 것을 명심하자. 목표 단계^{target phase}라고 하는 세 번째 단계도 있다. 이 특별한 단계는 이벤트가 목표 요소(예제의 경우 button)에 도달할 때 발생한다. 다음은 대부분의 DOM 이벤트 라이프사이클을 요약한 내용이다.

1. **캡처 단계:** 이벤트가 html에서 목표 요소로 이동한다.
2. **목표 단계:** 이벤트가 목표 요소에 도달한다.
3. **버블 단계:** 이벤트가 목표 요소에서 html로 이동한다.

이 라이프사이클의 좀 더 자세한 내용은 그림 3-6에서 확인할 수 있다.

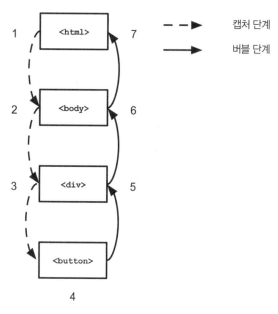

그림 3-6. 이벤트 라이프사이클

이런 여러 단계가 존재하게 된 데는 역사적인 배경이 있다. 브라우저의 암흑 시기에 일부 브라우저는 캡처 단계만 지원한 반면 다른 브라우저들은 버블 단계만 지원했다. 일반적으로 버블 단계 핸들러만 사용해도 좋지만 복잡한 상황을 관리하려면 캡처 단계를 알아야 한다.

사용자 정의 이벤트 사용

지금까지는 버튼 클릭 이벤트만 다뤘다. 비슷한 방식으로 3장의 시작 부분에서 얘기했던 여러 종류의 이벤트를 처리할 수 있다. 하지만 DOM 이벤트 API는 이보다 훨씬 더 강력하다. DOM 이벤트 API에서는 사용자 정의 이벤트 타입을 정의하고 다른 이벤트처럼 처리할 수 있다.

이는 도메인에 바인딩되고 시스템 자체에서만 발생한 DOM 이벤트를 생성할 수 있기 때문에 DOM 이벤트 API에서 정말 중요한 부분이다. 로그인이나 로그아웃, 또는 리스트에 새 레코드를 생성하는 것과 같이 데이터 집합에 발생한 이벤트에 대한 이벤트 핸들러를 생성할 수 있다.

리스트 3-10에서 볼 수 있듯이 사용자 정의 이벤트를 생성하려면 CustomEvent 생성자 함수를 사용한다.

리스트 3-10. 사용자 정의 이벤트 발생

```
const EVENT_NAME = 'FiveCharInputValue'
const input = document.querySelector('input')

input.addEventListener('input', () => {
    const { length } = input.value
    console.log('input length', length)
    if (length === 5) {
        const time = (new Date()).getTime()
        const event = new CustomEvent(EVENT_NAME, {
            detail: {
                time
            }
        })

        input.dispatchEvent(event)
    }
})

input.addEventListener(EVENT_NAME, e => {
    console.log('handling custom event...', e.detail)
})
```

input 이벤트를 관리할 때 값 자체의 길이를 확인한다. 값의 길이가 정확히 5라면 FiveCharInputValue라는 특별 이벤트를 발생시킨다. 사용자 정의 이벤트를 처리하려면 일반적으로 addEventListener 메서드로 표준 이벤트 리스너를 추가한다. 어떻게 표준(input)과 사용자 정의 이벤트 모두에 동일한 API를 사용하는지에 주목하자. 또한 생성자(예제의 경우 timestamp)에서 사용한 detail 객체를 사용해 추가 데이터를 핸들러에 전달할 수도 있다. 리스트 3-10의 결과는 그림 3-7과 같다.

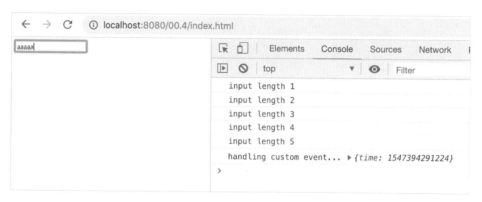

그림 3-7. 사용자 정의 이벤트 사용

4장에서는 사용자 정의 이벤트를 사용해 구성 요소가 서로 통신하는 방법을 알아본다.

TodoMVC에 이벤트 추가

이제 DOM 이벤트 API의 기본 개념을 배웠으므로 TodoMVC 애플리케이션에 이벤트 처리를 추가해보자. 처리해야 할 이벤트를 알아보기 위해 전체 TodoMVC 애플리케이션(그림 3-8의 스크린샷 참조)을 다시 살펴보자.

그림 3-8. 전체 TodoMVC 애플리케이션

다음은 관리해야 할 이벤트 목록이다.

- **항목 삭제:** 행의 오른쪽에 있는 십자가를 클릭한다.
- **항목의 완료 여부 토글:** 행의 왼쪽에 있는 원을 클릭한다.
- **필터 변경:** 하단의 필터 이름을 클릭한다.
- **항목 생성:** 상단 입력 텍스트에 값을 입력하고 키보드의 Enter를 누른다.
- **완성된 모든 항목 삭제:** 'Clear completed' 레이블을 클릭한다.
- **모든 항목의 완료 여부 토글:** 왼쪽 상단 모서리에 있는 V자 표시를 클릭한다.
- **항목 편집:** 행을 더블 클릭하고 값을 변경한 후 키보드에서 Enter를 누른다.

렌더링 엔진 리뷰

TodoMVC 애플리케이션에 이벤트 핸들러를 추가하기 전에 렌더링 엔진의 일부를 변경해야 한다. 2장에서 작성한 마지막 구현의 문제점은 일부가 DOM 요소 대신 문자열로 동작한다는 것이다. 리스트 3-11에서 2장의 'todos' 구성 요소를 볼 수 있다. 이 예제의 전체 코드는 https://github.com/Apress/frameworkless-front-end-development/tree/master/Chapter02/05에서 확인할 수 있다.

```
const getTodoElement = todo => {
    const {
        text,
        completed
    } = todo

    return `
        <li ${completed ? 'class="completed"' : ''}>
            <div class="view">
                <input
                    ${completed ? 'checked' : ''}
                    class="toggle"
                    type="checkbox">
                <label>${text}</label>
                <button class="destroy"></button>
            </div>
            <input class="edit" value="${text}">
        </li>`
}

export default (targetElement, { todos }) => {
    const newTodoList = targetElement.cloneNode(true)
    const todosElements = todos
        .map(getTodoElement)
        .join('')
    newTodoList.innerHTML = todosElements
    return newTodoList
}
```

리스트의 모든 todo 요소는 문자열로 생성되고 하나로 합쳐진 다음 innerHTML로
부모 리스트에 추가된다. 그러나 문자열에는 이벤트 핸들러를 추가할 수 없다.
addEventListener를 호출하려면 DOM 노드가 필요하다.

템플릿 요소

프로그래밍 방식으로 DOM 노드를 생성하는 다양한 기술이 있다. 그중 하나는 개발자가 document.createElement API를 사용해 비어있는 새 DOM 노드를 생성하는 것이다. 이 메서드의 사용 예제는 리스트 3-12에서 볼 수 있다.

리스트 3-12. document.createElement 예제

```
const newDiv = document.createElement('div')
if(!condition){
    newDiv.classList.add('disabled')
}

const newSpan = document.createElement('span')
newSpan.textContent = 'Hello World!'

newDiv.appendChild(newSpan)
```

이 API를 사용해 빈 li를 생성한 후 다양한 div 핸들러, input 핸들러 등을 추가할 수 있다. 그러나 코드는 읽고 유지하기 어렵다. 또 다른(더 나은) 옵션은 index.html 파일의 template 태그 안에 todo 요소의 마크업을 유지하는 것이다. template 태그는 이름에서 알 수 있듯이 렌더링 엔진의 '스탬프'로 사용할 수 있는 보이지 않는 태그다. 리스트 3-13은 todo 항목의 template 예제를 보여준다.

리스트 3-13. todo 항목 template 요소

```
<template id="todo-item">
    <li>
        <div class="view">
            <input class="toggle" type="checkbox">
            <label></label>
            <button class="destroy"></button>
        </div>
        <input class="edit">
```

```
    </li>
</template>
```

리스트 3-14에서 **template**은 todo 구성 요소에서 '스탬프'로 사용돼 새로운 li DOM 노드를 생성한다.

리스트 3-14. 템플릿을 사용해 todo 항목 생성

```
let template

const createNewTodoNode = () => {
    if (!template) {
        template = document.getElementById('todo-item')
    }

    return template
        .content
        .firstElementChild
        .cloneNode(true)
}

const getTodoElement = todo => {
    const {
        text,
        completed
    } = todo

    const element = createNewTodoNode()

    element.querySelector('input.edit').value = text
    element.querySelector('label').textContent = text

    if (completed) {
        element
            .classList
            .add('completed')
```

```
            element
                .querySelector('input.toggle')
                .checked = true
    }

    return element
}

export default (targetElement, { todos }) => {
    const newTodoList = targetElement.cloneNode(true)

    newTodoList.innerHTML = ''

    todos
        .map(getTodoElement)
        .forEach(element => {
            newTodoList.appendChild(element)
        })

    return newTodoList
}
```

그런 다음 앱 구성 요소를 생성해 템플릿 기술을 모든 애플리케이션으로 확장할 수 있다. 첫 번째 단계는 리스트 3-15와 같이 todo 리스트의 마크업을 template 요소로 감싸는 것이다.

리스트 3-15. 전체 앱에 템플릿 사용

```
<body>
    <template id="todo-item">
        <!-- todo 항목 내용을 여기에 놓는다 -->
    </template>
    <template id="todo-app">
        <section class="todoapp">
            <!-- 앱 내용을 여기에 놓는다 -->
        </section>
```

```
    </template>
    <div id="root">
        <div data-component="app"></div>
    </div>
</body>
```

리스트 3-16에서 app이라는 새로운 구성 요소가 생성됐다. 이 구성 요소는 새로 작성된 템플릿을 사용해 콘텐츠를 생성한다. 이것이 TodoMVC 애플리케이션의 템플릿 포팅의 마지막 부분이다. 이 새로운 버전의 애플리케이션은 이벤트 핸들러 아키텍처의 기반이 된다. 애플리케이션의 전체 코드는 https://github.com/Apress/frameworkless-front-end-development/tree/master/Chapter03/01.1에서 제공한다.

리스트 3-16. 템플릿으로 작성한 앱 구성 요소

```
let template

const createAppElement = () => {
    if (!template) {
        template = document.getElementById('todo-app')
    }

    return template
        .content
        .firstElementChild
        .cloneNode(true)
}

export default (targetElement) => {
    const newApp = targetElement.cloneNode(true)
    newApp.innerHTML = ''
    newApp.appendChild(createAppElement())
    return newApp
}
```

기본 이벤트 처리 아키텍처

문자열 대신 DOM 요소로 동작하는 새로운 렌더링 엔진을 작성했다. 이제 이벤트 핸들러를 애플리케이션에 연결해보자. 개괄적인 설명으로 시작한 다음 동작 예제를 살펴보자. 여기서 작성한 렌더링 엔진은 상태를 가져오고 DOM 트리를 생성하는 순수 함수를 기반으로 한다.

새로운 상태마다 새로운 DOM 트리를 생성해 가상 DOM 알고리즘을 적용할 수 있다. 이 시나리오에서는 '루프'에 이벤트 핸들러를 쉽게 삽입할 수 있다. 모든 이벤트 다음에 상태를 조작한 후 새로운 상태로 메인 렌더링 함수를 호출한다. 그림 3-9는 상태-렌더링-이벤트 루프의 스키마를 보여준다.

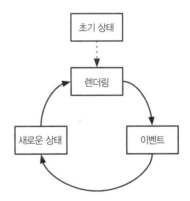

그림 3-9. 이벤트 처리의 고수준 아키텍처

애플리케이션의 간단한 유스케이스의 단계를 열거함으로써 상태-렌더링-이벤트 루프를 테스트해보자. 사용자가 리스트에서 항목을 추가하고 삭제하는 것을 가정한다.

- **초기 상태:** 비어있는 todo 리스트
- **렌더링:** 사용자에게 비어있는 리스트를 표시
- **이벤트:** 사용자가 '더미 항목'이라는 새 항목을 생성

- **새로운 상태:** 하나의 항목을 가진 todo 리스트
- **렌더링:** 사용자에게 하나의 항목을 가진 리스트를 표시
- **이벤트:** 사용자가 항목을 삭제
- **새로운 상태:** 비어있는 todo 리스트
- **렌더링:** 사용자에게 비어있는 리스트를 표시

고수준 아키텍처를 정의했고 이제 구현할 차례다. 리스트 3-17은 컨트롤러에서 이벤트와 관련된 상태 수정을 정의한다.

리스트 3-17. 이벤트를 가진 컨트롤러

```
const state = {
    todos: [],
    currentFilter: 'All'
}

const events = {
    deleteItem: (index) => {
        state.todos.splice(index, 1)
        render()
    },
    addItem: text => {
        state.todos.push({
            text,
            completed: false
        })
        render()
    }
}

const render = () => {
    window.requestAnimationFrame(() => {
        const main = document.querySelector('#root')

        const newMain = registry.renderRoot(
```

```
            main,
            state,
            events)

        applyDiff(document.body, main, newMain)
    })
}

render()
```

렌더링 엔진의 진입점인 renderRoot 함수는 이벤트를 포함하는 세 번째 매개변수를 받는다. 곧 새로운 매개변수가 모든 구성 요소에 접근할 수 있다는 것을 알게될 것이다. 이벤트는 상태를 수정하고 새로운 렌더링을 수동으로 호출하는 아주 간단한 함수다. 실제 애플리케이션에서는 개발자가 핸들러를 빠르게 추가하고 새로운 렌더링 주기를 자동으로 호출하는 데 도움이 되는 일종의 '이벤트 레지스트리'를 생성하는 것이 좋다. 현재는 이 구현으로 충분하다.

리스트 3-18에서 앱 구성 요소가 새로운 항목을 추가하는 데 addItem 핸들러가 사용된다.

리스트 3-18. addItem 이벤트를 가진 앱 구성 요소

```
let template

const getTemplate = () => {
    if (!template) {
        template = document.getElementById('todo-app')
    }

    return template.content.firstElementChild.cloneNode(true)
}

const addEvents = (targetElement, events) => {
    targetElement
```

```
                .querySelector('.new-todo')
                .addEventListener('keypress', e => {
            if (e.key === 'Enter') {
                events.addItem(e.target.value)
                e.target.value = "
            }
        })
}

export default (targetElement, state, events) => {
    const newApp = targetElement.cloneNode(true)

    newApp.innerHTML = "
    newApp.appendChild(getTemplate())

    addEvents(newApp, events)

    return newApp
}
```

모든 렌더링 주기에 대해 새 DOM 요소를 생성하고 새 항목의 값을 삽입하는 데 사용되는 input 핸들러에 이벤트 핸들러를 연결한다. 사용자가 Enter를 누르면 addItem 함수가 호출되고 그런 다음 input 핸들러가 지워진다.

리스트 3-18은 조금 이상해 보인다. 이벤트 자체의 입력값을 지웠다. 입력값이 todo 리스트나 현재 필터 같은 상태의 일부가 아닌 이유는 무엇일까? 이 주제는 7장에서 다루니 지금은 잠시 이 문제를 무시해도 좋다.

이 예제에서 사용자가 수행할 수 있는 다른 작업으로 항목 삭제가 있다. 따라서 리스트 3-19에서 볼 수 있듯이 이벤트에 접근해야 하는 구성 요소는 todo다.

```javascript
const getTodoElement = (todo, index, events) => {
    const {
        text,
        completed
    } = todo

    const element = createNewTodoNode()

    element.querySelector('input.edit').value = text
    element.querySelector('label').textContent = text

    if (completed) {
        element.classList.add('completed')
        element
            .querySelector('input.toggle')
            .checked = true
    }

    const handler = e => events.deleteItem(index)

    element
        .querySelector('button.destroy')
        .addEventListener('click', handler)

    return element
}

export default (targetElement, { todos }, events) => {
    const newTodoList = targetElement.cloneNode(true)

    newTodoList.innerHTML = ''

    todos
            .map((todo, index) => getTodoElement(todo, index, events))
            .forEach(element => {
        newTodoList.appendChild(element)
    })
```

```
    return newTodoList
}
```

리스트 3-19는 리스트 3-18과 매우 유사하지만 모든 todo 리스트에 대해 다른 핸들러를 작성했다. https://github.com/Apress/frameworkless-front-end-development/tree/master/Chapter03/01.3에서 모든 이벤트와 함께 전체 애플리케이션의 코드를 확인할 수 있다.

이벤트 위임

이벤트 위임Event delegation은 대부분의 프론트엔드 프레임워크에서 제공되는 기능으로, 일반적으로 보이지 않게 잘 감춰져 있다. 이벤트 위임이 무엇인지 더 잘 이해하려면 예제를 살펴보자. 리스트 3-20은 이벤트 위임을 기반으로 리스트 3-19를 수정한 버전이다.

리스트 3-20. 이벤트 위임 기반의 todo 구성 요소

```
const getTodoElement = (todo, index) => {
    const {
        text,
        completed
    } = todo

    const element = createNewTodoNode()

    element.querySelector('input.edit').value = text
    element.querySelector('label').textContent = text

    if (completed) {
        element.classList.add('completed')
        element
```

```
                .querySelector('input.toggle')
                .checked = true
        }

    element
        .querySelector('button.destroy')
        .dataset
        .index = index

    return element
}

export default (targetElement, state, events) => {
    const { todos } = state
    const { deleteItem } = events
    const newTodoList = targetElement.cloneNode(true)

    newTodoList.innerHTML = ''

    todos
            .map((todo, index) => getTodoElement(todo, index))
            .forEach(element => {
        newTodoList.appendChild(element)
    })

    newTodoList.addEventListener('click', e => {
        if (e.target.matches('button.destroy')) {
            deleteItem(e.target.dataset.index)
        }
    })

    return newTodoList
}
```

이전의 구성 요소와 달리 리스트 자체에 하나의 이벤트 핸들러만 연결돼 있다. 행마다 별도의 이벤트 핸들러를 갖지 않는다. 리스트가 아주 길다면 이 접근 방식으로 성능과 메모리 사용성을 개선시킬 수 있다.

matches API(https://developer.mozilla.org/en-US/docs/Web/API/Element/matches)는 요소가 '실제' 이벤트 대상인지 확인하는 데 사용한다. 대규모의 프로젝트에서 이 접근 방식을 사용하면 웹 페이지 본문에서 하나의 이벤트 핸들러만 사용할 수 있다. 이벤트 위임 라이브러리의 구축은 이 책의 범위를 벗어난다. 프로젝트에서 사용할 수 있는 준비된 라이브러리가 몇 가지 있다. 그중 하나가 사용하기 아주 쉬운 gator.js(https://craig.is/riding/gators)다. 리스트 3-21은 이 라이브러리에 연결된 핸들러의 간단한 예제를 보여준다.

리스트 3-21. gator.js 예제

```
Gator(document).on('click', 'button.destroy', e => {
    deleteItem(e.target.dataset.index)
})
```

2장의 마무리에서 사용했던 동일한 조언을 다시 한 번 들려주고 싶다. 실제로 필요할 때까지는 코드에 이벤트 위임 같은 최적화를 추가하지 마라. YAGNI 원칙을 기억하고 반드시 필요한 경우에만 gator.js 같은 이벤트 위임 라이브러리를 기존 프로젝트에 추가한다.

요약

3장에서는 DOM 이벤트 API의 몇 가지 기본 개념을 설명했다. 이벤트 핸들러를 추가하고 삭제하는 방법, 버블 단계와 캡처 단계의 차이점, 사용자 정의 이벤트를 생성하는 방법을 배웠다. 항목을 추가하고 삭제하는 이벤트를 추가해 TodoMVC 애플리케이션을 업데이트했다.

마지막으로 프레임워크 없이 애플리케이션이 충분히 성능을 유지할 수 있도록 해주는 중요한 패턴인 이벤트 위임의 개념을 소개했다.

4장에서는 웹 애플리케이션에서 구성 요소를 생성하는 표준 방법과 웹 구성 요소를 효과적으로 사용하는 방법을 배운다.

웹 구성 요소

오늘날 개발자들이 사용하는 주요 프론트엔드 프레임워크에는 공통점이 있다. 모두 UI 구성을 위한 기본 블록으로 구성 요소를 사용한다. 2장에서는 순수 함수를 기반으로 구성 요소 레지스트리를 작성하는 방법을 알아봤다. 하지만 거의 모든 최신 브라우저에서 웹 구성 요소[web component]라고 하는 네이티브 API 세트를 사용해 웹 애플리케이션의 구성 요소를 작성할 수 있다.

API

웹 구성 요소는 세 가지 중요 기술로 구성된다. 이 기술은 개발자가 재사용할 수 있는 UI 구성 요소를 작성하고 게시할 수 있게 해준다.

- HTML 템플릿: `<template>` 태그는 콘텐츠가 렌더링되지는 않지만 자바스크립트 코드에서 동적인 콘텐츠를 생성하는 데 '스탬프'로 사용되도록 하려는 경우에 유용하다.

- **사용자 정의 요소:** 이 API를 통해 개발자는 완전한 기능을 갖춘 자신만의 DOM 요소를 작성할 수 있다.
- **섀도우**^{Shadow} **DOM:** 이 기술은 웹 구성 요소가 구성 요소 외부의 DOM에 영향을 받지 않아야 하는 경우에 유용하다. 다른 사람들과 공유할 수 있도록 구성 요소 라이브러리나 위젯을 작성하려는 경우 매우 유용하다.

주의

섀도우 DOM과 가상 DOM은 완전히 다른 두 문제를 해결한다. 섀도우 DOM은 캡슐화와 관련되고, 가상 DOM은 성능과 관련된다. 자세한 정보는 https://developer.com/shadow-dom-virtual-dom-889bf78ce701을 참조한다.

사용할 수 있을까?

2019년 초 이 책을 쓸 시점에 인터넷 익스플로러와 에지^{Edge}를 제외한 모든 브라우저에서 세 가지 API를 모두 지원한다(표 4-1 참고).[1] 에지 팀 역시 이 기능을 개발 중으로 2019년 말까지 브라우저에 탑재할 계획이다. 또한 어떤 경우든 이 패키지 (https://github.com/webcomponents/custom-elements)로 쉽게 폴리필^{folyfill}할 수 있다. 그러나 IE를 지원해야 하는 경우 많은 폴리필이 추가돼야 하기 때문에 웹 구성 요소를 개발하지 않는 편이 좋다.

표 4-1. 웹 구성 요소 채택 현황(2019년 초)

API 지원	크롬	파이어폭스	사파리	에지	인터넷 익스플로러
HTML 템플릿	Yes	Yes	Yes	Yes	No
섀도우 DOM	Yes	Yes	Yes	개발 중	No
사용자 정의 요소	Yes	Yes	Yes	개발 중	No

---

1. 2020년 12월 현재, 에지 역시 세 가지 API를 모두 지원하고 있다. - 옮긴이

3장에서 HTML 템플릿을 살펴봤는데, 렌더링 엔진의 마지막 구현에서 HTML 템플릿을 사용했다. 섀도우 DOM은 이 장의 범위를 벗어난다. 따라서 섀도우 DOM에 대해서는 https://developer.mozilla.org/en-US/docs/Web/Web_Components/Using_shadow_DOM에서 MDN 튜토리얼을 읽어 보기를 추천한다.

사용자 정의 요소

사용자 정의 요소 API는 웹 구성 요소의 핵심 요소다. 간단히 말해 다음과 같이 사용자 정의 HTML 태그를 작성할 수 있다.

```
<app-calendar/>
```

우연히 **app-calendar**라는 이름을 사용한 것이 아니다. 사용자 정의 요소 API를 사용해 사용자 정의 태그를 작성할 때는 대시로 구분된 두 단어 이상의 태그를 사용해야 한다. 한 단어 태그는 W3C^{World Wide Web Consortium}에서만 단독으로 사용할 수 있다. 리스트 4-1에서 가장 간단한 사용자 정의 요소인 'Hello World!' 레이블을 볼 수 있다.

참고

사용자 정의 요소는 HTML 요소를 확장하는 자바스크립트 클래스일 뿐이다.

리스트 4-1. HelloWorld 사용자 정의 요소

```
export default class HelloWorld extends HTMLElement {
    connectedCallback () {
        window.requestAnimationFrame(() => {
            this.innerHTML = '<div>Hello World!</div>'
        })
```

```
    }
}
```

connectedCallback은 사용자 정의 요소의 라이프사이클 메서드 중 하나다. 이 메
서드는 구성 요소가 DOM에 연결될 때 호출된다. 리액트의 `componentDidMount` 메
서드와 매우 유사하다. 예제처럼 구성 요소의 콘텐츠를 렌더링하거나 타이머를
시작하거나 또는 네트워크에서 데이터를 가져오기에 좋은 장소다. 마찬가지로
구성 요소가 DOM에서 삭제될 때 `disconnectedCallback`이 호출되는데, 정리 작업
에서 유용한 메서드다.

새로 생성된 이 구성 요소를 사용하려면 브라우저 구성 요소 레지스트리에 추가
해야 한다. 이를 위해 리스트 4-2와 같이 `window.customElements` 속성의 `define` 메
서드를 사용한다.

리스트 4-2. 사용자 정의 요소 레지스트리에 HelloWorld 추가

```
import HelloWorld from './components/HelloWorld.js'

window
    .customElements
    .define('hello-world', HelloWorld)
```

브라우저 구성 요소 레지스트리에 구성 요소를 추가하는 것은 태그 이름(예제의 경
우 'hello-world')을 사용자 정의 요소 클래스에 연결하는 것을 의미한다. 그런 다
음에 생성한 사용자 정의 태그(<hello-world/>)를 구성 요소로 사용할 수 있다.

속성 관리

웹 구성 요소의 가장 중요한 기능은 개발자가 어떤 프레임워크와도 호환되는 새
로운 구성 요소를 만들 수 있다는 것이다. 여기에는 리액트나 앵귤러뿐만 아니라

자바스크립트 페이지나 기타 어떤 도구로 빌드된 레거시 애플리케이션을 포함한 모든 웹 애플리케이션이 해당된다. 그러나 이 목적을 달성하려면 구성 요소에 다른 표준 HTML 요소와 동일한 공용 API가 있어야 한다. 따라서 사용자 정의 요소에 속성을 추가하려면 다른 속성과 동일한 방식으로 이 속성을 관리할 수 있어야 한다. <input>과 같은 표준 요소의 경우 세 가지 방법으로 속성을 설정할 수 있다.

가장 직관적인 방법은 속성을 HTML 마크업에 직접 추가하는 것이다.

```
<input type="text" value="Frameworkless">
```

자바스크립트에서는 세터setter를 사용해 value 속성을 조작할 수 있다.

```
input.value = 'Frameworkless'
```

또는 setAttribute 메서드를 사용할 수도 있다.

```
input.setAttribute('value', 'Frameworkless')
```

이 세 가지 방법은 모두 동일한 결과, 즉 input 요소의 value 속성을 변경한다. 또한 동기화된다. 마크업을 통해 값을 입력하면 게터getter나 getAttribute 메서드로 동일한 값을 읽을 수 있다. 세터나 setAttribute 메서드로 값을 변경하면 마크업이 새 속성과 동기화된다.

사용자 정의 요소의 속성을 생성하려면 HTML 요소의 이 특성을 잘 기억하고 있어야 한다. 리스트 4-3은 HelloWorld 구성 요소에 color 속성을 추가하는데, 레이블 콘텐츠의 색상을 변경하는 데 사용한다.

리스트 4-3. 속성을 가진 HelloWorld

```
const DEFAULT_COLOR = 'black'

export default class HelloWorld extends HTMLElement {
    get color () {
        return this.getAttribute('color') || DEFAULT_COLOR
    }

    set color (value) {
        this.setAttribute('color', value)
    }

    connectedCallback () {
        window.requestAnimationFrame(() => {
            const div = document.createElement('div')
            div.textContent = 'Hello World!'
            div.style.color = this.color

            this.appendChild(div)
        })
    }
}
```

보다시피 색상 게터/세터는 getAttribute/setAttribute에 대한 래퍼일 뿐이다. 따라서 속성을 설정하는 세 가지 방법이 자동으로 동기화된다.

구성 요소의 색상을 설정하려면 세터(또는 setAttribute)를 사용하거나 마크업을 통해 색상을 설정할 수 있다. color 속성을 사용하는 예제는 리스트 4-4에 있으며 결과는 그림 4-1과 같다.

리스트 4-4. HelloWorld 구성 요소에 color 속성 사용

```
<hello-world></hello-world>
<hello-world color="red"></hello-world>
<hello-world color="green"></hello-world>
```

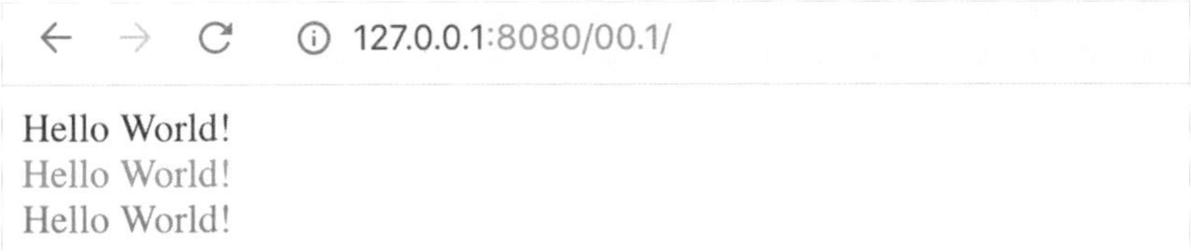

그림 4-1. HelloWorld 구성 요소

속성을 디자인할 때 이 방법을 사용하면 다른 개발자가 구성 요소를 쉽게 릴리스 하는 데 도움이 된다. CDN의 구성 요소 코드만 공개하면 특별한 지침 없이도 모든 사람이 사용할 수 있다. 방금 W3C에서 표준 구성 요소를 정의하는 방법과 동일한 방법으로 속성을 정의했다.

그럼에도 불구하고 이 방법에는 한 가지 단점이 있다. HTML 속성은 문자열이다. 따라서 문자열이 아닌 속성이 필요한 경우 먼저 속성을 변환해야 한다.

하지만 이 제약 조건은 다른 개발자에게 구성 요소를 게시해야 하는 경우에만 유효하다. 실제 웹 구성 요소를 기반으로 하는 실제 애플리케이션에서 대부분의 구성 요소는 게시될 필요가 없다. 이들 구성 요소는 여러분의 애플리케이션에서만 '비공개'로 게시하면 된다. 이 경우 값을 문자열로 변환하지 않고 세터만 사용할 수 있다.

attributeChangedCallback

리스트 4-4는 connectedCallback 메서드의 color 속성 값을 가지며, 이 값을 DOM 에 적용했다. 그러나 리스트 4-5와 같이 초기 렌더링 후 속성을 클릭 이벤트 핸들 러로 변경하면 어떻게 될까?

리스트 4-5. HelloWorld 구성 요소의 색상 변경

```
const changeColorTo = color => {
    document
```

```
            .querySelectorAll('hello-world')
            .forEach(helloWorld => {
        helloWorld.color = color
    })
}

document
        .querySelector('button')
        .addEventListener('click', () => {
    changeColorTo('blue')
})
```

버튼을 클릭하면 핸들러는 모든 HelloWorld 구성 요소의 color 속성을 파란색으로 변경한다. 그러나 화면에는 아무 일도 일어나지 않는다. 이 문제에 대한 빠르지만 지저분한 해결책은 세터 자체에 일종의 DOM 조작을 추가하는 것이다.

```
set color (value) {
    this.setAttribute('color', value)
    //새로운 색상으로 DOM을 업데이트
}
```

그러나 color 세터 대신 setAttribute 메서드를 사용하면 DOM도 업데이트되지 않았기 때문에 이 방법은 매우 취약한 방법이다. 올바른 방법은 구성 요소의 라이프사이클 동안 속성이 변경되도록 attributeChangedCallback 메서드를 사용하는 것이다. 이 메서드는 이름에서 알 수 있듯이 속성이 변경될 때마다 호출된다. 새로운 color 속성이 제공될 때마다 DOM이 업데이트되도록 HelloWorld 구성 요소의 코드를 수정해보자(리스트 4-6 참고).

리스트 4-6. 레이블 색상 업데이트

```javascript
const DEFAULT_COLOR = 'black'

export default class HelloWorld extends HTMLElement {
    static get observedAttributes () {
        return ['color']
    }

    get color () {
        return this.getAttribute('color') || DEFAULT_COLOR
    }

    set color (value) {
        this.setAttribute('color', value)
    }

    attributeChangedCallback (name, oldValue, newValue) {
        if (!this.div) {
            return
        }

        if (name === 'color') {
            this.div.style.color = newValue
        }
    }

    connectedCallback () {
        window.requestAnimationFrame(() => {
            this.div = document.createElement('div')
            this.div.textContent = 'Hello World!'
            this.div.style.color = this.color
            this.appendChild(this.div)
        })
    }
}
```

attributeChangedCallback 메서드는 변경된 속성의 이름, 속성의 이전 값, 속성의 새로운 값이라는 세 가지 매개변수를 받는다.

참고

모든 속성이 attributeChangedCallback을 트리거하지는 않으며 observedAttributes 배열에 나열된 속성만 트리거한다.

가상 DOM 통합

2장의 가상 DOM 알고리즘은 모든 사용자 정의 요소에 완벽하게 플러그인될 수 있다. 리스트 4-7은 HelloWorld 구성 요소의 새로운 버전이다. 색상이 변경될 때마다 가상 DOM 알고리즘을 호출해 레이블의 색상을 수정한다. 이 예제의 전체 코드는 https://github.com/Apress/frameworkless-front-end-development/tree/master/Chapter04/00.3에서 확인할 수 있다.

리스트 4-7. 사용자 정의 요소에서 가상 DOM 사용

```
import applyDiff from './applyDiff.js'

const DEFAULT_COLOR = 'black'

const createDomElement = color => {
    const div = document.createElement('div')
    div.textContent = 'Hello World!'
    div.style.color = color
    return div
}

export default class HelloWorld extends HTMLElement {
    static get observedAttributes () {
        return ['color']
    }
```

```
    get color () {
        return this.getAttribute('color') || DEFAULT_COLOR
    }

    set color (value) {
        this.setAttribute('color', value)
    }

    attributeChangedCallback (name, oldValue, newValue) {
        if (!this.hasChildNodes()) {
            return
        }
        applyDiff(
            this,
            this.firstElementChild,
            createDomElement(newValue)
        )
    }

    connectedCallback () {
        window.requestAnimationFrame(() => {
            this.appendChild(createDomElement(this.color))
        })
    }
}
```

가상 DOM을 이 시나리오에 사용하는 것은 조금 과도하긴 하지만 구성 요소가 많은 속성을 가진 경우라면 매우 유용하다. 이 경우 코드가 훨씬 더 읽기 쉬워진다.

사용자 정의 이벤트

다음 예제에서는 GitHubAvatar라는 좀 더 복잡한 구성 요소를 분석해보자. 이 구성 요소의 목적은 깃허브 사용자의 아바타를 보여주는 것이다. 이 구성 요소를 사용하려면 user 속성을 설정해야 한다.

```
<github-avatar user="francesco-strazzullo"></github-avatar>
```

구성 요소가 DOM에 연결되면 'loading'이라는 자리표시자placeholder가 표시된다. 그런 다음 깃허브 REST API를 사용해 아바타 이미지 URL을 가져온다. 요청이 성공하면 아바타가 표시되고 그렇지 않으면 오류 자리표시자가 표시된다. 이 구성 요소의 동작 방식을 설명하는 다이어그램은 그림 4-2에 나와 있다.

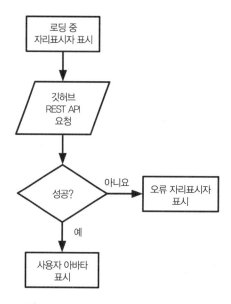

그림 4-2. GitHubAvatar 구성 요소의 순서도

리스트 4-8에서 GitHubAvatar 구성 요소의 코드를 볼 수 있다. 단순화를 위해 attributeChangedCallback 메서드로 user 속성의 변경을 관리하지 않았다.

리스트 4-8. GitHubAvatar 구성 요소

```
const ERROR_IMAGE = 'https://files-82ee7vgzc.now.sh'
const LOADING_IMAGE = 'https://files-8bga2nnt0.now.sh'

const getGitHubAvatarUrl = async user => {
```

114

```javascript
    if (!user) {
        return
    }

    const url = `https://api.github.com/users/${user}`

    const response = await fetch(url)
    if (!response.ok) {
        throw new Error(response.statusText)
    }
    const data = await response.json()
    return data.avatar_url
}

export default class GitHubAvatar extends HTMLElement {
    constructor () {
        super()
        this.url = LOADING_IMAGE
    }

    get user () {
        return this.getAttribute('user')
    }

    set user (value) {
        this.setAttribute('user', value)
    }

    render () {
        window.requestAnimationFrame(() => {
            this.innerHTML = ''
            const img = document.createElement('img')
            img.src = this.url
            this.appendChild(img)
        })
    }
```

```
async loadNewAvatar () {
    const { user } = this
    if (!user) {
        return
    }
    try {
        this.url = await getGitHubAvatarUrl(user)
    } catch (e) {
        this.url = ERROR_IMAGE
    }

    this.render()
}

connectedCallback () {
    this.render()
    this.loadNewAvatar()
}
}
```

그림 4-2에 표시된 순서도를 따르면 코드를 쉽게 읽을 수 있다. 깃허브 API에서 데이터를 가져오고자 모던 브라우저의 네이티브 방식인 fetch를 사용해 비동기 HTTP 요청을 수행했다. 5장에서 이 주제를 다룬다. 그림 4-3에서 다양한 구성 요소의 인스턴스 결과를 볼 수 있다.

그림 4-3. GitHubAvatar 예제

구성 요소 외부의 HTTP 요청 결과에 반응하려면 어떻게 해야 할까? 사용자 정의 요소는 가능한 한 표준 DOM 요소와 동일하게 동작해야 한다는 사실을 명심하자.

앞에서는 다른 요소와 마찬가지로 속성을 사용해 정보를 구성 요소에 전달했다. 구성 요소에서 정보를 얻는 동일한 방법을 따라 DOM 이벤트를 사용한다. 3장에서 사용자 정의 이벤트 API를 알아봤다. 이는 브라우저와 사용자 간 상호작용이 아닌 도메인에 국한된 DOM 이벤트를 생성할 수 있게 해준다.

리스트 4-9에서 새로운 버전의 **GitHubAvatar** 구성 요소는 아바타가 로드됐을 때와 오류가 발생했을 때의 두 가지 이벤트를 발생시킨다.

리스트 4-9. 사용자 정의 이벤트를 가진 `GitHubAvatar`

```
const AVATAR_LOAD_COMPLETE = 'AVATAR_LOAD_COMPLETE'
const AVATAR_LOAD_ERROR = 'AVATAR_LOAD_ERROR'

export const EVENTS = {
    AVATAR_LOAD_COMPLETE,
    AVATAR_LOAD_ERROR
}

export default class GitHubAvatar extends HTMLElement {
    ...
    onLoadAvatarComplete () {
        const event = new CustomEvent(AVATAR_LOAD_COMPLETE, {
            detail: {
                avatar: this.url
            }
        })

        this.dispatchEvent(event)
    }

    onLoadAvatarError (error) {
        const event = new CustomEvent(AVATAR_LOAD_ERROR, {
            detail: {
                error
            }
        })
```

```
        this.dispatchEvent(event)
    }

    async loadNewAvatar () {
        const { user } = this
        if (!user) {
            return
        }
        try {
            this.url = await getGitHubAvatarUrl(user)
            this.onLoadAvatarComplete()
        } catch (e) {
            this.url = ERROR_IMAGE
            this.onLoadAvatarError(e)
        }

        this.render()
    }

    ...
}
```

리스트 4-10에서 두 종류의 이벤트에 이벤트 핸들러를 연결한다. 그림 4-4에서 올바른 핸들러가 호출됐음을 알 수 있다.

리스트 4-10. GitHubAvatar 이벤트에 이벤트 핸들러 연결

```
import { EVENTS } from './components/GitHubAvatar.js'

document
    .querySelectorAll('github-avatar')
    .forEach(avatar => {
        avatar
            .addEventListener(
                EVENTS.AVATAR_LOAD_COMPLETE,
                e => {
```

```
                console.log(
                    'Avatar Loaded',
                    e.detail.avatar
                )
            })

        avatar
            .addEventListener(
                EVENTS.AVATAR_LOAD_ERROR,
                e => {
                    console.log(
                        'Avatar Loading error',
                        e.detail.error
                    )
                })
    })
```

```
Avatar Loaded https://avatars0.githubusercontent.com/u/1204452?v=4
Avatar Loaded https://avatars0.githubusercontent.com/u/2803530?v=4
⊗ ▶ GET https://api.github.com/users/dummy_user 404 (Not Found)
Avatar Loading error Error: Not Found
    at getGitHubAvatarUrl (GitHubProfile.js:20)
Avatar Loaded https://avatars0.githubusercontent.com/u/613449?v=4
Avatar Loaded https://avatars1.githubusercontent.com/u/5767815?v=4
Avatar Loaded https://avatars0.githubusercontent.com/u/7202453?v=4
```

그림 4–4. 이벤트가 있는 GitHubAvatar

TodoMVC에 웹 구성 요소 사용

이제 일반적인 TodoMVC 애플리케이션을 구축해보자. 이번에는 웹 구성 요소를
사용한다. 대부분의 코드는 함수에 기반을 두고 작성한 이전 버전과 비슷하다. 그
림 4–5와 같이 애플리케이션을 todomvc-app, todomvc-list, todomvc-footer 세 개
의 구성 요소로 나눈다.

	`<todomvc-app/>`
	`<todomvc-list/>`
	`<todomvc-footer/>`

그림 4-5. TodoMVC 구성 요소

가장 먼저 분석할 것은 애플리케이션의 HTML 부분이다. 리스트 4-11에서 볼 수 있듯이 `<template>` 요소를 광범위하게 사용했다.

리스트 4-11. 웹 구성 요소를 가진 TodoMVC 애플리케이션용 HTML

```
<body>
    <template id="footer">
        <footer class="footer">
            <span class="todo-count">
            </span>
            <ul class="filters">
                <li>
                    <a href="#/">All</a>
                </li>
                <li>
                    <a href="#/active">Active</a>
                </li>
                <li>
                    <a href="#/completed">
                        Completed
                    </a>
                </li>
            </ul>
```

```
        <button class="clear-completed">
            Clear completed
        </button>
    </footer>
</template>
<template id="todo-item">
    <li>
        <div class="view">
            <input
                class="toggle" type="checkbox">
            <label></label>
            <button class="destroy"></button>
        </div>
        <input class="edit">
    </li>
</template>
<template id="todo-app">
    <section class="todoapp">
        <header class="header">
            <h1>todos</h1>
            <input class="new-todo"
                autofocus>
        </header>
        <section class="main">
            <input
                id="toggle-all"
                class="toggle-all"
                type="checkbox">
            <label for="toggle-all">
                Mark all as complete
            </label>
            <todomvc-list></todomvc-list>
        </section>
        <todomvc-footer></todomvc-footer>
    </section>
```

```
    </template>
    <todomvc-app></todomvc-app>
 </body>
```

코드를 단순하게 유지하고자 전체 TodoMVC의 여러 이벤트 중, 항목을 추가하고
삭제하는 두 가지만 구현했다. 이 방식으로 todomvc-footer 코드는 건너뛰고
todomvc-app과 todomvc-list에 집중할 수 있다. 깃허브 https://github.com/Apress/
frameworkless-front-end-development/tree/master/Chapter04/01에서 전체 코드
를 확인할 수 있다. 리스트 4-12의 코드부터 시작해보자.

리스트 4-12. TodoMVC 리스트 웹 구성 요소

```
const TEMPLATE = '<ul class="todo-list"></ul>'

export const EVENTS = {
    DELETE_ITEM: 'DELETE_ITEM'
}

export default class List extends HTMLElement {
    static get observedAttributes () {
        return [
            'todos'
        ]
    }

    get todos () {
        if (!this.hasAttribute('todos')) {
            return []
        }

        return JSON.parse(this.getAttribute('todos'))
    }

    set todos (value) {
        this.setAttribute('todos', JSON.stringify(value))
```

```
    }

    onDeleteClick (index) {
        const event = new CustomEvent(
            EVENTS.DELETE_ITEM,
        {
            detail: {
                index
            }
        }
    )
    this.dispatchEvent(event)
}

createNewTodoNode () {
    return this.itemTemplate
        .content
        .firstElementChild
        .cloneNode(true)
}

getTodoElement (todo, index) {
    const {
        text,
        completed
    } = todo

    const element = this.createNewTodoNode()

    element.querySelector('input.edit').value = text
    element.querySelector('label').textContent = text

    if (completed) {
        element.classList.add('completed')
        element
            .querySelector('input.toggle')
            .checked = true
```

```
        }

        element
            .querySelector('button.destroy')
            .dataset
            .index = index

        return element
    }

    updateList () {
        this.list.innerHTML = ''

        this.todos
            .map(this.getTodoElement)
            .forEach(element => {
                this.list.appendChild(element)
            })
    }

    connectedCallback () {
        this.innerHTML = TEMPLATE
        this.itemTemplate = document
            .getElementById('todo-item')

        this.list = this.querySelector('ul')

        this.list.addEventListener('click', e => {
            if (e.target.matches('button.destroy')) {
                this.onDeleteClick(e.target.dataset.index)
            }
        })

        this.updateList()
    }

    attributeChangedCallback () {
        this.updateList()
```

```
        }
    }
```

이 코드의 대부분은 3장의 코드와 유사하다. 차이점 중 하나는 사용자가 Destroy 버튼을 클릭할 때 발생하는 상황을 사용자 정의 이벤트로 외부에 알리는 것이다. 이 구성 요소가 입력으로 허용하는 유일한 속성은 todo 리스트다. 속성이 변경될 때마다 리스트가 렌더링된다. 이 장의 앞부분에서 봤듯이 여기에 쉽게 가상 DOM 메커니즘을 연결할 수 있다.

리스트 4-13의 **todomvc-app** 구성 요소 코드를 계속 살펴보자.

리스트 4-13. TodoMVC 애플리케이션 구성 요소

```
import { EVENTS } from './List.js'

export default class App extends HTMLElement {
    constructor () {
        super()
        this.state = {
            todos: [],
            filter: 'All'
        }

        this.template = document
            .getElementById('todo-app')
    }

    deleteItem (index) {
        this.state.todos.splice(index, 1)
        this.syncAttributes()
    }

    addItem (text) {
        this.state.todos.push({
            text,
```

```
            completed: false
        })
        this.syncAttributes()
    }

    syncAttributes () {
        this.list.todos = this.state.todos
        this.footer.todos = this.state.todos
        this.footer.filter = this.state.filter
    }

    connectedCallback () {
        window.requestAnimationFrame(() => {
            const content = this.template
                .content
                .firstElementChild
                .cloneNode(true)

            this.appendChild(content)

            this
                .querySelector('.new-todo')
                .addEventListener('keypress', e => {
                    if (e.key === 'Enter') {
                        this.addItem(e.target.value)
                        e.target.value = "
                    }
                })

            this.footer = this
                .querySelector('todomvc-footer')
            this.list = this.querySelector('todomvc-list')
            this.list.addEventListener(
                EVENTS.DELETE_ITEM,
                e => {
                    this.deleteItem(e.detail.index)
                }
```

```
        )

        this.syncAttributes()
      })
    }
}
```

이 구성 요소는 속성이 없는 대신 내부 상태를 가진다. DOM(표준이나 사용자 정의)의 이벤트는 이 상태를 변경한 다음 구성 요소가 syncAttributes 메서드에서 해당 상태를 하위 속성과 동기화한다. 7장에서 어떤 구성 요소가 내부 상태를 가져야 하는지 자세히 알아본다.

웹 구성 요소와 렌더링 함수

웹 구성 요소가 실제로 동작하는 것을 알아봤으니 이제 2장과 3장에서 분석한 렌더링 함수 접근 방식과 비교해보자. 다음으로 DOM 요소를 렌더링하는 두 가지 방법의 장단점을 알아본다.

코드 스타일

웹 구성 요소를 작성하려면 HTML 요소를 확장해야 하므로 클래스 작업이 필요하다. 함수형 프로그래밍functional programming을 선호한다면 이런 방식으로 작업하는 것이 불편할 수 있다. 반면에 자바나 C# 같은 클래스를 기반으로 하는 언어에 익숙하다면 함수보다 웹 구성 요소에 더 자신감이 생길 수 있다.

둘 중 승자는 없다. 여러분이 어떤 것을 좋아하는지에 달려있다. 마지막 TodoMVC 구현에서 봤듯이 렌더링 함수를 가져와 웹 구성 요소로 래핑하면 디자인을 시나리오에 맞출 수 있다. 예를 들어 먼저 간단한 렌더링 함수로 시작한 후 라이브러리로 릴리스해야 하는 경우에는 웹 구성 요소로 래핑하면 된다.

테스트 가능성

렌더링 함수를 쉽게 테스트하려면 제스트^{Jest}(https://jestjs.io) 같은 JSDOM과 통합한 테스트 러너^{test runner}가 있으면 된다. JSDOM은 렌더링 테스트에 매우 유용한 Node.js에서 사용되는 모의 DOM 구현이다. 문제는 JSDOM이 현재 사용자 정의 요소를 지원하지 않는다는 것이다. 사용자 정의 요소를 테스트하려면 실제 브라우저를 퍼페티어^{Puppeteer}(https://developers.google.com/web/tools/puppeteer) 같은 도구와 함께 사용해야 하지만 테스트 속도가 느리고 복잡할 수 있다.

휴대성

웹 구성 요소는 휴대성^{portable}이 좋아야 한다. 다른 DOM 요소와 동일하게 동작한다는 사실은 다른 애플리케이션 간에 동일한 구성 요소를 사용해야 하는 경우 핵심 기능이 된다.

커뮤니티

구성 요소 클래스는 대부분의 프레임워크에서 DOM UI 요소를 작성하는 표준 방법이다. 대규모 팀이나 빠르게 성장하는 팀이라면 명심해야 할 아주 유용한 기능이다. 사람들에게 익숙한 코드가 더 읽기 쉬운 코드가 된다.

사라지는 프레임워크

웹 구성 요소의 출현으로 인한 흥미로운 부작용은 사라지는 프레임워크^{disappearing}
frameworks(또는 보이지 않는 프레임워크^{invisible frameworks})라고 불리는 여러 도구의 탄생이
다. 기본 아이디어는 리액트 같은 다른 UI 프레임워크와 마찬가지로 동일하게 코
드를 작성하는 것이다. 제품 번들을 제작할 때 출력은 표준 웹 구성 요소가 된다.
즉, 컴파일 타임에 프레임워크는 사라진다.

가장 인기 있는 두 가지 사라지는 프레임워크는 스벨트^{Svelte}(https://svelte.
technology)와 스텐실.js^{Stencil.js}(https://stenciljs.com)다. 스텐실.js는 타입스크립트^{TypeScript}
와 JSX를 기반으로 한다. 스텐실.js는 처음에는 앵귤러와 리액트의 이상한 혼합처
럼 보인다. 스텐실.js는 아이오닉^{Ionic}(https://ionicframework.com) 팀이 웹 구성 요소
를 기반으로 완전히 새로운 모바일 UI 키트의 새 버전을 만들고자 개발한 도구이
기 때문에 특히 흥미롭다. 리스트 4-14는 간단한 스텐실.js 구성 요소를 빌드하는
방법을 보여준다.

리스트 4-14. 간단한 스텐실.js 구성 요소

```
import { Component, Prop } from '@stencil/core'

@Component({
    tag: 'hello-world'
})
export class HelloWorld {

    @Prop() name: string

    render() {
        return (
            <p>
                Hello {this.name}!
            </p>
        )
```

```
    }
}
```

코드가 컴파일되면 이 구성 요소를 다른 사용자 정의 요소처럼 사용할 수 있다.

```
<hello-world name="Francesco"></hello-world>
```

요약

4장에서는 웹 구성 요소 표준의 메인 API를 배우고 사용자 정의 요소 API를 살펴봤다.

웹 구성 요소를 기반으로 TodoMVC 애플리케이션의 새 버전을 구축했으며 이 접근 방식과 렌더링 함수의 차이점을 알아봤다.

마지막으로 사라지는 프레임워크를 배우고 스텐실.js를 사용해 아주 간단한 구성 요소를 작성하는 방법을 살펴봤다.

5장에서는 프레임워크 없이 비동기식 요청을 생성하는 HTTP 클라이언트를 구축하는 방법을 알아본다.

5장

HTTP 요청

4장에서는 DOM 요소를 렌더링하고 시스템이나 사용자의 이벤트에 반응하는 방법을 배웠다. 하지만 프론트엔드 애플리케이션은 서버의 비동기 데이터도 제공한다. 5장에서는 프레임워크 없는 방식으로 HTTP 클라이언트를 구축하는 방법을 알아본다.

간단한 역사: AJAX의 탄생

1999년 이전에는 서버에서 데이터를 가져올 필요가 있는 경우 전체 페이지를 다시 로드해야 했다. 오늘날의 웹 개발자들에게 이런 방식으로 구축된 웹 애플리케이션을 상상하기란 매우 어려운 일일 것이다. 1999년에 아웃룩, 지메일과 구글 지도 같은 애플리케이션들은 페이지를 완전히 다시 로드하지 않고 최초 페이지 로드 후 필요한 데이터만 서버에서 로드하는 새로운 기술을 사용하기 시작했다. 제시 제임스 가레트^{Jesse James Garrett}는 2005년 그의 블로그 게시물(https://adaptivepath.

org/ideas/ajax-new-approach-web-applications/)[1]에서 이 기술을 Asynchronous JavaScript and XML(비동기 자바스크립트 및 XML)의 약어인 AJAX로 명명했다.

AJAX 애플리케이션의 핵심은 XMLHttpRequest 객체다. 이 장의 뒷부분에서 볼 수 있듯이 이 객체를 사용하면 HTTP 요청으로 서버에서 데이터를 가져올 수 있다. W3C는 2006년 이 객체의 표준 규격 초안을 작성했다.

앞에서 언급했듯이 AJAX의 'X'는 XML을 나타낸다. AJAX가 등장했을 때 웹 애플리케이션은 서버 데이터를 XML 형식으로 수신했다. 그러나 지금은 좀 더 친숙한 JSON(자바스크립트 애플리케이션용) 형식이 사용된다. 그림 5-1에서 AJAX와 비AJAX 아키텍처의 차이점을 확인할 수 있다.

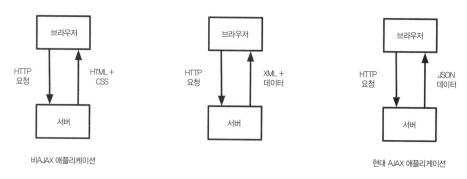

그림 5-1. AJAX와 비AJAX 아키텍처

todo 리스트 REST 서버

개발할 클라이언트를 테스트하려면 데이터를 가져올 서버가 필요하다. 리스트 5-1은 REST 서버를 빠르게 구축할 수 있는 간단한 라이브러리인 익스프레스 Express(https://expressjs.com)로 아주 단순한 Node.js용 REST 서버를 구축하는 방법

---

1. 현재 해당 링크는 삭제됐으나 인터넷에서 PDF 형태의 기사 원문을 볼 수 있다. 관심 있다면 'Ajax: A New Approach to Web Application'라는 키워드로 검색하면 찾을 수 있다. – 옮긴이

을 보여준다. 이 더미 서버는 실제 데이터베이스 대신 임시 배열을 사용해 todo 리스트와 관련 데이터를 저장한다. 가짜 ID를 생성하고자 개발자가 범용 고유 식별자^{UUID, Universally Unique IDentifiers}를 생성할 수 있는 UUID(www.npmjs.com/package/uuid)라는 작은 npm 패키지를 사용했다.

리스트 5-1. Node.js용 더미 REST 서버

```
const express = require('express')
const bodyParser = require('body-parser')
const uuidv4 = require('uuid/v4')
const findIndex = require('lodash.findindex')

const PORT = 8080

const app = express()
let todos = []

app.use(bodyParser.json())

app.get('/api/todos', (req, res) => {
    res.send(todos)
})

app.post('/api/todos', (req, res) => {
    const newTodo = {
        completed: false,
        ...req.body,
        id: uuidv4()
    }

    todos.push(newTodo)

    res.status(201)
    res.send(newTodo)
})

app.patch('/api/todos/:id', (req, res) => {
```

```
        const updateIndex = findIndex(
            todos,
            t => t.id === req.params.id
        )
        const oldTodo = todos[updateIndex]

        const newTodo = {
            ...oldTodo,
            ...req.body
        }

        todos[updateIndex] = newTodo

        res.send(newTodo)
    })

    app.delete('/api/todos/:id', (req, res) => {
        todos = todos.filter(
            t => t.id !== req.params.id
        )

        res.status(204)
        res.send()
    })

    app.listen(PORT)
```

REST

이번 절에서는 더미 서버의 아키텍처인 REST의 의미를 설명한다. 이미 REST에 대해 알고 있다면 이 절을 건너뛰어도 좋다.

REST는 REpresentational State Transfer의 약자로 웹 서비스를 디자인하고 개발하는 방법이다. 모든 REST API의 추상화는 리소스에 있다. 도메인을 리소스로 분할해야 하며 각 리소스는 특정 URI^{Uniform Resource Identifier}로 접근해 읽거나 조작할 수 있어야 한다. 예를 들어 도메인에서 사용자의 라스트를 보려면 https://api.example.com/users/ URI를 사용한다. 특정 사용자의 데이터를 읽을 때 URI 형식은 https://api.example.com/users/id1과 같다(여기서 id1은 읽으려는 사용자의 ID다).

사용자를 조작(추가, 삭제, 업데이트)하고자 동일한 URI가 사용되지만 HTTP 메서드는 달라진다. 표 5-1은 사용자 리스트를 조작하는 REST API의 몇 가지 예를 보여 준다.

표 5-1. REST API 치트 시트

동작	URI	HTTP 메서드
모든 사용자의 데이터 읽기	https://api.example.com/users/	GET
ID가 '1'인 사용자의 데이터 읽기	https://api.example.com/users/1	GET
새로운 사용자 생성	https://api.example.com/users/	POST
ID가 '1'인 사용자 데이터 교체	https://api.example.com/users/1	PUT
ID가 '1'인 사용자 데이터 업데이트	https://api.example.com/users/1	PATCH
ID가 '1'인 사용자 데이터 삭제	https://api.example.com/users/1	DELETE

이 표에 나열된 동작은 명료하다. 설명이 필요한 유일한 주제는 데이터 업데이트 (PATCH 사용)와 데이터 교체(PUT 사용)의 차이점이다. PUT 메서드를 사용할 때는 HTTP 요청의 본문에 새로운 사용자의 모든 데이터를 전달해야 한다. PATCH를 사용할 때는 이전 상태와의 차이만 포함한다. 이 시나리오에서 new todo 객체는 이전 todo를 요청의 본문과 병합한 결과다.

지금까지 REST API의 맛만 살짝 봤다. 좀 더 상세한 내용을 알고 싶다면 레오나르드 리처드슨Leonard Richardson과 마이크 애먼슨Mike Amundsen의 『RESTful Web APIs』(인사이트, 2015)를 읽어 보는 것이 좋다.

코드 예제

XMLHttpRequest, Fetch, axios의 세 가지 기술을 사용해 세 가지 HTTP 클라이언트 버전을 작성해보자. 그리고 각 클라이언트의 강점과 약점을 분석한다.

기본 구조

HTTP 클라이언트의 동작 방식을 보여주고자 그림 5-2와 같은 간단한 애플리케이션을 사용한다. HTTP 클라이언트에 집중하고자 TodoMVC 애플리케이션이 아니라 HTTP 요청을 실행하고 결과를 화면에 출력하는 버튼만 가진 더 간단한 애플리케이션을 사용한다. 이 애플리케이션(과 다른 구현)의 코드는 https://github.com/Apress/frameworkless-front-end-development/tree/master/Chapter05/에서 확인할 수 있다.

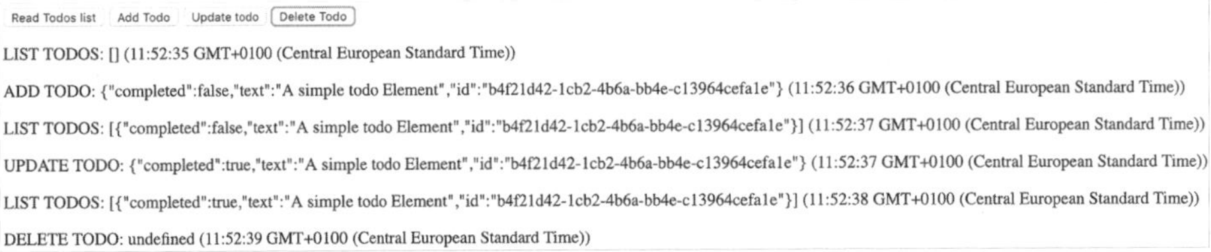

Read Todos list   Add Todo   Update todo   [Delete Todo]

LIST TODOS: [] (11:52:35 GMT+0100 (Central European Standard Time))

ADD TODO: {"completed":false,"text":"A simple todo Element","id":"b4f21d42-1cb2-4b6a-bb4e-c13964cefa1e"} (11:52:36 GMT+0100 (Central European Standard Time))

LIST TODOS: [{"completed":false,"text":"A simple todo Element","id":"b4f21d42-1cb2-4b6a-bb4e-c13964cefa1e"}] (11:52:37 GMT+0100 (Central European Standard Time))

UPDATE TODO: {"completed":true,"text":"A simple todo Element","id":"b4f21d42-1cb2-4b6a-bb4e-c13964cefa1e"} (11:52:37 GMT+0100 (Central European Standard Time))

LIST TODOS: [{"completed":true,"text":"A simple todo Element","id":"b4f21d42-1cb2-4b6a-bb4e-c13964cefa1e"}] (11:52:38 GMT+0100 (Central European Standard Time))

DELETE TODO: undefined (11:52:39 GMT+0100 (Central European Standard Time))

그림 5-2. HTTP 클라이언트를 테스트하는 데 사용되는 애플리케이션

리스트 5-2에서 애플리케이션의 index.html을 볼 수 있다. 리스트 5-3은 메인 컨트롤러를 보여준다.

리스트 5-2. HTTP 클라이언트 애플리케이션의 HTML

```
<html>

<body>
    <button data-list>Read Todos list</button>
    <button data-add>Add Todo</button>
```

```
        <button data-update>Update todo</button>
        <button data-delete>Delete Todo</button>
        <div></div>
    </body>

</html>
```

리스트 5-3. HTTP 클라이언트 애플리케이션의 메인 컨트롤러

```
import todos from './todos.js'

const NEW_TODO_TEXT = 'A simple todo Element'

const printResult = (action, result) => {
    const time = (new Date()).toTimeString()
    const node = document.createElement('p')
    node.textContent = `${action.toUpperCase()}: ${JSON.
    stringify(result)} (${time})`

    document
        .querySelector('div')
        .appendChild(node)
}

const onListClick = async () => {
    const result = await todos.list()
    printResult('list todos', result)
}

const onAddClick = async () => {
    const result = await todos.create(NEW_TODO_TEXT)
    printResult('add todo', result)
}

const onUpdateClick = async () => {
    const list = await todos.list()

    const { id } = list[0]
```

```
    const newTodo = {
        id,
        completed: true
    }
    const result = await todos.update(newTodo)
    printResult('update todo', result)
}

const onDeleteClick = async () => {
    const list = await todos.list()
    const { id } = list[0]

    const result = await todos.delete(id)
    printResult('delete todo', result)
}

document
    .querySelector('button[data-list]')
    .addEventListener('click', onListClick)

document
    .querySelector('button[data-add]')
    .addEventListener('click', onAddClick)

document
    .querySelector('button[data-update]')
    .addEventListener('click', onUpdateClick)

document
    .querySelector('button[data-delete]')
    .addEventListener('click', onDeleteClick)
```

이 컨트롤러에서는 HTTP 클라이언트를 직접 사용하는 대신 HTTP 요청을 todos 모델 객체에 래핑했다. 이런 캡슐화는 여러 가지 이유로 유용하다.

한 가지 이유는 테스트 가능성이다. todos 객체를 정적 데이터 세트(fixture라고도 함)를 반환하는 모의^{mock}로 바꿀 수 있다. 이런 식으로 컨트롤러를 독립적으로 테스트할 수 있다.

또 다른 이유는 가독성이다. 모델 객체는 코드를 좀 더 명확하게 만든다.

팁

컨트롤러에서 HTTP 클라이언트를 직접 사용하지 않는다. 이런 함수는 모델 객체에서 캡슐화하는 것이 좋다.

리스트 5-4는 todos 모델 객체를 보여준다.

리스트 5-4. todos 모델 객체

```
import http from './http.js'

const HEADERS = {
    'Content-Type': 'application/json'
}

const BASE_URL = '/api/todos'

const list = () => http.get(BASE_URL)

const create = text => {
    const todo = {
        text,
        completed: false
    }

    return http.post(
        BASE_URL,
        todo,
        HEADERS
    )
}
```

```
const update = newTodo => {
    const url = `${BASE_URL}/${newTodo.id}`
    return http.patch(
        url,
        newTodo,
        HEADERS
    )
}

const deleteTodo = i`d => {
    const url = `${BASE_URL}/${id}`
    return http.delete(
        url,
        HEADERS
    )
}

export default {
    list,
    create,
    update,
    delete: deleteTodo
}
```

HTTP 클라이언트의 서명은 GET이나 DELETE 같이 본문이 필요 없는 메서드의 경우 http[verb](url, config)다. 다른 메서드의 경우 http[verb] (url, body, config) 서명을 사용해 매개변수로 요청 본문을 추가할 수 있다.

HTTP 클라이언트에 반드시 이런 공개 API를 사용해야 하는 것은 아니다. 다른 옵션으로 http(url, verb, body, config)와 같이 동사를 매개변수로 추가해 http를 객체가 아닌 함수로 사용하는 방법도 있다. 어떤 방법을 사용하는 것으로 결정하든 일관성을 유지하자.

HTTP 클라이언트의 공공 계약public contract를 정의했으므로 이제 구현을 살펴보자.

XMLHttpRequest

리스트 5-5의 구현은 **XMLHttpRequest**(https://developer.mozilla.org/en-US/docs/Web/API/XMLHttpRequest/Using_XMLHttpRequest)를 기반으로 한다. **XMLHttpRequest**는 W3C가 비동기 HTTP 요청의 표준 방법을 정의한 첫 번째 시도였다.

리스트 5-5. XMLHttpRequest를 사용하는 HTTP 클라이언트

```
const setHeaders = (xhr, headers) => {
    Object.entries(headers).forEach(entry => {
        const [
            name,
            value
        ] = entry

        xhr.setRequestHeader(
            name,
            value
        )
    })
}

const parseResponse = xhr => {
    const {
        status,
        responseText
    } = xhr

    let data
    if (status !== 204) {
        data = JSON.parse(responseText)
    }

    return {
        status,
        data
```

```
        }
}

const request = params => {
    return new Promise((resolve, reject) => {
        const xhr = new XMLHttpRequest()

        const {
            method = 'GET',
            url,
            headers = {},
            body
        } = params

        xhr.open(method, url)

        setHeaders(xhr, headers)

        xhr.send(JSON.stringify(body))

        xhr.onerror = () => {
            reject(new Error('HTTP Error'))
        }

        xhr.ontimeout = () => {
            reject(new Error('Timeout Error'))
        }

        xhr.onload = () => resolve(parseResponse(xhr))
    })
}

const get = async (url, headers) => {
    const response = await request({
        url,
        headers,
        method: 'GET'
    })
```

```
        return response.data
}

const post = async (url, body, headers) => {
    const response = await request({
        url,
        headers,
        method: 'POST',
        body
    })
    return response.data
}

const put = async (url, body, headers) => {
    const response = await request({
        url,
        headers,
        method: 'PUT',
        body
    })
    return response.data
}

const patch = async (url, body, headers) => {
    const response = await request({
        url,
        headers,
        method: 'PATCH',
        body
    })
    return response.data
}

const deleteRequest = async (url, headers) => {
    const response = await request({
        url,
```

```
        headers,
        method: 'DELETE'
    })
    return response.data
}

export default {
    get,
    post,
    put,
    patch,
    delete: deleteRequest
}
```

HTTP 클라이언트의 핵심은 request 메서드다. XMLHttpRequest는 2006년에 정의된 API로 콜백을 기반으로 한다. 완료된 요청에 대한 onload 콜백, 오류로 끝나는 HTTP에 대한 onerror 콜백과 타임아웃된 요청에 대한 ontimeout 콜백이 있다. 디폴트로 타임아웃은 없지만 xhr 객체의 timeout 속성을 수정하면 타임아웃을 변경할 수 있다.

HTTP 클라이언트의 공개 API는 프라미스^{promise}(https://developer.mozilla.org/en-US/docs/Web/JavaScript/Reference/Global_Objects/Promise)를 기반으로 한다. 따라서 request 메서드는 표준 XMLHttpRequest 요청을 새로운 Promise 객체로 묶는다. 공개 메서드 get, post, put, patch, delete는 코드를 더 읽기 쉽게 해주는 request 메서드의 래퍼(적절한 매개변수를 전달하는)다.

다음은 XMLHttpRequest를 사용한 HTTP 요청의 흐름을 보여준다(그림 5-3 참고).

1. 새로운 XMLHttpRequest 객체 생성(new XMLHttpRequest())
2. 특정 URL로 요청을 초기화(xhr.open(method, url))
3. 요청(헤더 설정, 타임아웃 등)을 구성

4. 요청 전송(xhr.send(JSON.stringify(body)))

5. 요청이 끝날 때까지 대기

    a. 요청이 성공적으로 끝나면 onload 콜백 호출

    b. 요청이 오류로 끝나면 onerror 콜백 호출

    c. 요청이 타임아웃으로 끝나면 ontimeout 콜백 호출

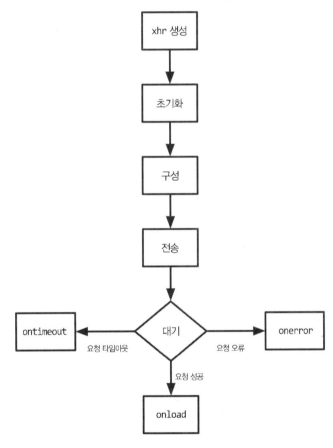

그림 5-3. XMLHttpRequest를 사용한 HTTP 요청 흐름

Fetch

Fetch는 원격 리소스에 접근하고자 만들어진 새로운 API이다. 이 API의 목적은 Request나 Response 같은 많은 네트워크 객체에 대한 표준 정의를 제공하는 것이다. 이런 방식으로 이 객체는 ServiceWorker(https://developer.mozilla.org/en-US/docs/Web/API/ServiceWorker)와 Cache(https://developer.mozilla.org/en-US/docs/Web/API/Cache) 같은 다른 API와 상호 운용할 수 있다.

요청을 생성하려면 리스트 5-6과 같이 Fetch API로 작성된 HTTP 클라이언트의 구현인 window.fetch 메서드를 사용해야 한다.

리스트 5-6. Fetch API를 기반으로 하는 HTTP 클라이언트

```
const parseResponse = async response => {
    const { status } = response
    let data
    if (status !== 204) {
        data = await response.json()
    }

    return {
        status,
        data
    }
}

const request = async params => {
    const {
        method = 'GET',
        url,
        headers = {},
        body
    } = params

    const config = {
```

```
        method,
        headers: new window.Headers(headers)
    }

    if (body) {
        config.body = JSON.stringify(body)
    }

    const response = await window.fetch(url, config)

    return parseResponse(response)
}

const get = async (url, headers) => {
    const response = await request({
        url,
        headers,
        method: 'GET'
    })

    return response.data
}

const post = async (url, body, headers) => {
    const response = await request({
        url,
        headers,
        method: 'POST',
        body
    })
    return response.data
}

const put = async (url, body, headers) => {
    const response = await request({
        url,
        headers,
```

```
        method: 'PUT',
        body
    })
    return response.data
}

const patch = async (url, body, headers) => {
    const response = await request({
        url,
        headers,
        method: 'PATCH',
        body
    })
    return response.data
}

const deleteRequest = async (url, headers) => {
    const response = await request({
        url,
        headers,
        method: 'DELETE'
    })
    return response.data
}

export default {
    get,
    post,
    put,
    patch,
    delete: deleteRequest
}
```

이 HTTP 클라이언트는 XMLHttpRequest와 동일한 공용 API(사용하려는 각 HTTP 메서드로 래핑된 요청 함수)를 가진다. 이 두 번째 클라이언트의 코드는 window.fetch가

Promise 객체를 반환하기 때문에 훨씬 더 읽기 쉽다. 따라서 전통적인 콜백 기반의 XMLHttpRequest 접근 방식을 최신의 프라미스 기반으로 변환하기 위한 보일러플레이트^{boilerplate} 코드가 필요하지 않다.

window.fetch에서 반환된 프라미스는 Response 객체를 해결^{resolve}한다. 이 객체를 사용해 서버가 보낸 응답 본문을 추출할 수 있다. 수신된 데이터의 형식에 따라 text(), blob(), json() 같은 다른 메서드를 사용한다. 예제에서는 항상 JSON 데이터를 사용하므로 json()을 사용하는 것이 안전하다.

하지만 실제 애플리케이션에서는 Content-Type 헤더와 함께 적절한 메서드를 사용해야 한다. https://developer.mozilla.org/en-US/docs/Web/API/Fetch_API/Using_Fetch의 모질라 개발자 네트워크에서 Fetch API의 모든 객체에 대한 전체 참조를 확인할 수 있다.

Axios

마지막으로 작은 오픈소스 라이브러리인 axios로 빌드한 HTTP 클라이언트를 분석해보자. 문서와 소스코드는 깃허브(https://github.com/axios/axios)에서 찾을 수 있다.

axios와 다른 방식과의 가장 큰 차이는 브라우저와 Node.js에서 바로 사용할 수 있다는 것이다. axios의 API는 프라미스를 기반으로 하고 있어 Fetch API와 매우 유사하다. 리스트 5-7에서 axios 기반 HTTP 클라이언트의 구현을 볼 수 있다.

리스트 5-7. axios 기반의 HTTP 클라이언트

```
const request = async params => {
    const {
        method = 'GET',
        url,
```

```javascript
        headers = {},
        body
    } = params

    const config = {
        url,
        method,
        headers,
        data: body
    }

    return axios(config)
}

const get = async (url, headers) => {
    const response = await request({
        url,
        headers,
        method: 'GET'
    })

    return response.data
}

const post = async (url, body, headers) => {
    const response = await request({
        url,
        headers,
        method: 'POST',
        body
    })
    return response.data
}

const put = async (url, body, headers) => {
    const response = await request({
        url,
```

```
            headers,
            method: 'PUT',
            body
        })
        return response.data
    }

const patch = async (url, body, headers) => {
    const response = await request({
        url,
        headers,
        method: 'PATCH',
        body
    })
    return response.data
}

const deleteRequest = async (url, headers) => {
    const response = await request({
        url,
        headers,
        method: 'DELETE'
    })
    return response.data
}

export default {
    get,
    post,
    put,
    patch,
    delete: deleteRequest
}
```

세 가지 HTTP 클라이언트 버전 중에서 가장 읽기 쉬운 구현이다. 이 경우 request 메서드는 axios 서명을 공공 계약과 일치하도록 매개변수를 재배열한다.

아키텍처 검토

이제 아키텍처를 살펴보자. 세 버전의 클라이언트는 동일한 공용 API를 가진다. 이런 아키텍처 특성으로 인해 최소한의 노력으로 HTTP 요청(XMLHttpRequest, Fecth, axios)에 사용되는 라이브러리를 변경할 수 있다. 자바스크립트는 동적인 타입 언어지만 모든 클라이언트는 HTTP 클라이언트 인터페이스를 구현한다. 그림 5-4는 세 가지 구현 간의 관계를 나타내는 UML 다이어그램을 보여준다.

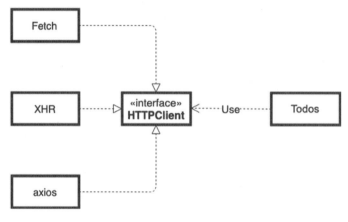

그림 5-4. HTTP 클라이언트의 UML 다이어그램

우리는 소프트웨어 디자인의 가장 중요한 원칙 중 하나를 적용했다.

구현이 아닌 인터페이스로 프로그래밍하라.

– 갱 오브 포(Gang of Four)[1]

이 원칙은 갱 오브 포의 책 『GoF의 디자인 패턴(Design Patterns)』(프로텍미디어, 2015)에서 등장한 것으로 라이브러리를 사용할 때 매우 중요하다.

네트워크 리소스에 접근해야 하는 수십 개의 모델 객체를 가진 아주 거대한 애플

---

1. 에릭 감마와 리처드 헬름, 랄프 존슨, 존 블라시디스 등 네 명의 저자를 지칭하는 애칭 – 옮긴이

리케이션이 있다고 가정해보자. HTTP 클라이언트를 사용하지 않고 직접 axios를 사용하는 경우 Fetch API로 구현을 변경한다면 매우 비싸고 지루한 작업이 될 것이다. 모델 객체에서 axios를 사용한다는 것은 인터페이스(HTTP 클라이언트)가 아닌 구현(라이브러리)을 프로그래밍하는 것을 의미한다.

주의

라이브러리를 사용할 때는 항상 이에 대한 인터페이스를 생성하라. 필요시 새로운 라이브러리로 쉽게 변경할 수 있다.

적합한 HTTP API를 선택하는 방법

이 책의 마지막 장에서 '적합한' 프레임워크를 선택하는 방법을 알아본다. 뒤에서 자세히 설명하겠지만 '딱 맞는' 프레임워크란 존재하지 않는다. '적합한' 프레임워크를 선택할 수 있지만 '적합한' 콘텍스트에서만 유효하다.

따라서 지금부터는 XHMLHttpRequest, Fetch API, axios의 특성을 다른 관점에서 알아보자.

호환성

여러분의 비즈니스에서 인터넷 익스플로러의 지원이 중요하다면 Fetch API는 최신 브라우저에서만 동작하기 때문에 axios나 XMLHttpRequest를 사용해야 한다.

axios는 인터넷 익스플로러 11을 지원하지만 이전 버전의 인터넷 익스플로러에서 동작해야 하는 경우 XMLHttpRequest를 사용해야 한다. 또 다른 옵션으로 Fetch

API에 폴리필^{polyfill}을 사용할 수도 있지만 인터넷 익스플로러의 지원을 조만간 중단할 계획을 갖고 있는 경우에만 이 방법을 사용하는 것이 좋다.

휴대성

Fetch API와 XMLHttpRequest는 모두 브라우저에서만 동작한다. Node.js나 리액트 네이티브 같은 다른 자바스크립트 환경에서 코드를 실행해야 하는 경우 axios가 매우 좋은 솔루션이다.

발전성

Fetch API의 가장 중요한 기능 중 하나는 Request나 Response 같은 네트워크 관련 객체의 표준 정의를 제공하는 것이다. 이 특성은 ServiceWorker API나 Cache API와 잘맞기 때문에 코드베이스를 빠르게 발전시키고자 하는 경우 Fetch API를 매우 유용한 라이브러리로 만들어준다.

보안

axios에는 교차 사이트 요청^{cross-site request} 위조나 XSRF(https://en.wikipedia.org/wiki/Cross-site_request_forgery)에 대한 보호 시스템이 내장돼 있다. XMLHttpRequest나 Fetch API를 계속 사용하면서 이런 종류의 보안 시스템을 구현해야 한다면 이 주제에 대한 axios 단위 테스트(https://github.com/axios/axios/blob/master/test/specs/xsrf.spec.js)를 살펴볼 것을 추천한다.

학습 곡선

코드가 axios나 Fetch API를 기반으로 하고 있다면 초보자가 의미를 이해하기 더 쉬울 것이다. 콜백 작업에 익숙하지 않기 때문에 주니어 개발자에게 XMLHttpRequest는 조금 이상하게 보일 수 있다. 이런 경우 앞의 예제와 같이 내부 API를 프라미스로 래핑하는 것이 좋다.

요약

5장에서는 AJAX의 부상과 AJAX가 가져온 웹 개발의 변화를 살펴봤다. 다음으로 HTTP 클라이언트를 구현하는 세 가지 다른 방법을 배웠다. 앞의 두 개는 프레임워크 없이 표준 라이브러리(XMLHttpRequest와 Fetch API)를 기반으로 한다. 세 번째는 axios라는 오픈소스 프로젝트를 기반으로 한다. 마지막으로 다양한 관점에서 세 가지 방법의 차이점을 살펴봤다.

6장에서는 단일 페이지 애플리케이션의 필수 요소인 프레임워크 없는 라우팅 시스템을 만드는 방법을 알아본다.

라우팅

5장에서 AJAX가 무엇이고 웹 개발을 어떻게 바꿨는지 알아봤다. 단일 페이지 애플리케이션^{SPA, Single-Page Application}은 사용자가 웹 애플리케이션과 상호작용하는 방식을 획기적으로 바꾼 또 다른 중요한 기술이다.

6장에서는 SPA의 정의와 핵심 기능 중 하나인 클라이언트 측 라우팅 시스템 구축 방법을 배운다.

단일 페이지 애플리케이션

단일 페이지 애플리케이션은 하나의 HTML 페이지로 실행되는 웹 애플리케이션이다. 사용자가 다른 뷰로 이동할 때 애플리케이션은 뷰를 동적으로 다시 그려 표준 웹 탐색 효과를 제공한다. 이 접근 방식은 표준 다중 페이지 애플리케이션에서 페이지 간 탐색 시 사용자가 경험할 수 있는 지연을 제거해 일반적으로 더 나은 사용자 경험을 제공한다.

이런 종류의 애플리케이션은 서버와의 상호작용을 위해 AJAX를 사용한다. 하지만 모든 AJAX 애플리케이션이 SPA일 필요는 없다. 그림 6-1은 표준 웹 애플리케이션과 간단한 AJAX 애플리케이션, 단일 페이지 애플리케이션 간의 차이를 보여준다.

표준 웹 애플리케이션

AJAX 웹 애플리케이션

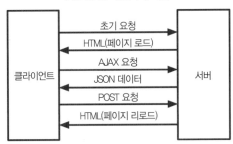

단일 페이지 애플리케이션

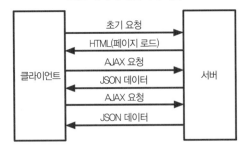

그림 6-1. 웹 애플리케이션 아키텍처 비교

앵귤러JS와 엠버^{Ember} 같은 프레임워크는 SPA가 웹 애플리케이션을 구축하는 주류 방식이 되는 데 큰 기여를 했다. 이들 프레임워크는 라우팅 시스템을 통해 경로를 정의할 수 있는 시스템을 기본으로 제공한다.

아키텍처 관점에서 보면(그림 6-2 참고) 모든 라우팅 시스템은 최소 두 가지 핵심 요소를 가진다. 첫 번째 요소는 애플리케이션의 경로 목록을 수집하는 레지스트리다. 가장 간단한 형태의 경로는 URL을 DOM 구성 요소에 매칭하는 객체다. 두 번째 중요한 요소는 현재 URL의 리스너^{listener}다. URL이 변경되면 라우터는 본문(또는 메인 컨테이너)의 내용을 현재 URL과 일치하는 경로에 바인딩된 구성 요소로 교체한다.

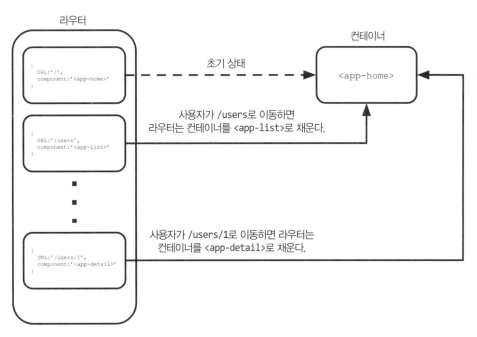

그림 6-2. 라우팅 시스템 하이레벨 아키텍처

코드 예제

5장과 마찬가지로 라우팅 시스템을 세 가지 버전으로 작성한다. 먼저 프레임워크 없는 두 가지 접근 방식으로 시작한다. 하나는 프래그먼트 식별자^{fragment identifiers}를 기반으로 하고 다른 하나는 히스토리 API^{History API}를 기반으로 한다.

이 장의 모든 코드 예제는 https://github.com/Apress/frameworkless-front-end-development/tree/master/Chapter06에서 확인할 수 있다.

프래그먼트 식별자

모든 URL은 프래그먼트 식별자라고 불리는 해시(#)로 시작하는 선택적 부분을 포함할 수 있다. 프래그먼트 식별자의 목적은 웹 페이지의 특정 섹션을 식별하는 것이다. www.domain.org/foo.html#bar를 예로 들어 보자. 이 URL에서 bar가 프래그먼트 식별자다. id="bar"로 HTML 요소를 식별한다.

프래그먼트 식별자가 포함된 URL을 탐색할 때 브라우저는 프래그먼트로 식별된 요소가 뷰포트^{viewport}의 맨 위에 오도록 페이지를 스크롤한다. 프래그먼트 식별자를 사용해 첫 번째 Router 객체를 구현한다. 간단한 예제로 시작하고 조금씩 개선해 완벽한 버전을 만들어보자.

첫 번째 예제

이 예제에서는 링크와 main 컨테이너를 가진 정말 간단한 SPA를 구축한다. 리스트 6-1은 이 애플리케이션의 HTML 템플릿이다.

리스트 6-1. 기본 SPA 템플릿

```
<body>
    <header>
```

```
        <a href="#/">Go To Index</a>
        <a href="#/list">Go To List</a>
        <a href="#/dummy">Dummy Page</a>
    </header>
    <main>
    </main>
</body>
```

헤더에 앵커를 사용하면 URL이 http://localhost:8080#/에서 http://localhost:8080#/list 등으로 변경된다. 이 코드는 URL이 변경될 때 메인 컨테이너 내부에 현재 구성 요소를 넣는다. 이 간단한 유스케이스에서 구성 요소는 리스트 6-2에서 볼 수 있듯이 DOM 요소의 콘텐츠를 업데이트하는 일반 함수다.

리스트 6-2. 기본 SPA 구성 요소

```
export default container => {
    const home = () => {
        container
            .textContent = 'This is Home page'
    }

    const list = () => {
        container
            .textContent = 'This is List Page'
    }

    return {
        home,
        list
    }
}
```

경로를 정의할 때 사용자가 구성 요소에 연결되지 않은 URL을 탐색하면 'not found' 구성 요소를 사용자에게 보여주도록 정의하는 것이 좋다. 이 구성 요소(리스트 6-3 참고)는 다른 모든 구성 요소와 동일한 구조를 가진다.

리스트 6-3. Not Found 구성 요소

```
const notFound = () => {
    container
        .textContent = 'Page Not Found!'
}
```

라우터가 동작하게 하려면 라우터를 구성하고 구성 요소를 올바른 프래그먼트에 연결해야 한다. 리스트 6-4는 라우터 구성 방법을 보여준다.

리스트 6-4. 기본 라우터 구성

```
import createRouter from './router.js'
import createPages from './pages.js'

const container = document.querySelector('main')

const pages = createPages(container)

const router = createRouter()

router
    .addRoute('#/', pages.home)
    .addRoute('#/list', pages.list)
    .setNotFound(pages.notFound)
    .start()
```

라우터는 세 가지 공개 메서드를 가진다. addRoute 메서드는 새 라우터와 프래그 먼트로 구성된 구성 객체, 구성 요소를 정의한다. setNotFound 메서드는 레지스트 리에 없는 모든 프래그먼트에 대한 제네릭^generic 구성 요소를 설정한다. start 메서 드는 라우터를 초기화하고 URL 변경을 청취하기 시작한다.

라우터의 공개 인터페이스를 분석했으므로 이제 리스트 6-5의 구현을 살펴보자.

리스트 6-5. 기본 라우터 구현

```
export default () => {
    const routes = []
    let notFound = () => {}

    const router = {}

    const checkRoutes = () => {
        const currentRoute = routes.find(route => {
            return route.fragment === window.location.hash
        })

        if (!currentRoute) {
            notFound()
            return
        }

        currentRoute.component()
    }

    router.addRoute = (fragment, component) => {
        routes.push({
            fragment,
            component
        })

        return router
    }

    router.setNotFound = cb => {
        notFound = cb
        return router
    }

    router.start = () => {
```

```
    window
        .addEventListener('hashchange', checkRoutes)

    if (!window.location.hash) {
        window.location.hash = '#/'
    }

    checkRoutes()
}

return router
}
```

보다시피 현재 프래그먼트 식별자는 location 객체의 hash 속성에 저장된다. 또한 현재 프래그먼트가 변경될 때마다 알림을 받는 데 사용할 수 있는 아주 편리한 hashchange 이벤트도 있다.

checkRoutes 메서드는 라우터의 핵심 메서드다. 이 메서드는 현재 프래그먼트와 일치하는 경로를 찾는다. 경로가 발견되면 해당 구성 요소 함수가 메인 컨테이너에 있는 콘텐츠를 대체한다. 발견되지 않으면 일반 notFound 함수가 호출된다. 이 메서드는 라우터가 시작될 때와 hashchange 이벤트가 발생할 때마다 호출된다. 그림 6-3은 라우터 흐름의 다이어그램을 보여준다.

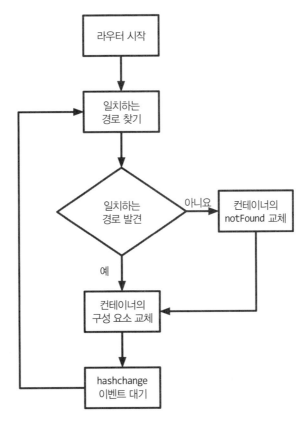

그림 6-3. 라우터 흐름

프로그래밍 방식으로 탐색

이전 예제에서는 앵커를 클릭하는 고전적인 방식으로 탐색이 활성화됐다. 그러나 때로는 프로그래밍 방식으로 뷰의 변경이 필요한 경우도 있다. 예를 들어 로그인에 성공한 사용자를 개인 페이지로 리디렉션할 수 있다. 이를 위해 리스트 6-6과 같이 헤더의 링크를 버튼으로 바꿔 애플리케이션을 약간 변경해보자.

리스트 6-6. 버튼에 데이터 속성 추가

```
<body>
    <header>
        <button data-navigate="/">
            Go To Index
        </button>
        <button data-navigate="/list">
            Go To List
        </button>
        <button data-navigate="/dummy">
            Dummy Page
        </button>
    </header>
    <main>
    </main>
</body>
```

이제 리스트 6-7과 같이 컨트롤러의 버튼에 이벤트 핸들러를 추가한다.

리스트 6-7. 버튼에 탐색 추가

```
const NAV_BTN_SELECTOR = 'button[data-navigate]'

document
    .body
    .addEventListener('click', e => {
        const { target } = e
        if (target.matches(NAV_BTN_SELECTOR)) {
            const { navigate } = target.dataset
            router.navigate(navigate)
        }
    })
```

프로그래밍 방식으로 다른 뷰로 이동하도록 라우터에 새로운 공개 메서드를 생성했다. 이 메서드는 새 프래그먼트를 가져와 location 객체에서 대체한다. 리스트

6-8에서 navigate 메서드의 코드를 볼 수 있다.

리스트 6-8. 프로그래밍 방식으로 탐색

```
router.navigate = fragment => {
    window.location.hash = fragment
}
```

라우터의 내부를 변경할 때 표준 인터페이스를 유지하도록 함수에서 이 라인을 래핑해야 한다.

경로 매개변수

마지막으로 라우터에 경로 매개변수 읽기 기능을 추가한다. 경로 매개변수는 도메인 변수와 관련된 URL의 일부다. 예를 들어 http://localhost:8080#/order/1에서 'order' 도메인 모델의 ID를 얻을 수 있다. 이 경우 1은 id라는 경로 매개변수다.

매개변수로 경로를 생성할 때 이 양식은 일반적으로 http://localhost:8080#/user/:id와 같이 URL에 매개변수가 포함돼 있음을 나타낸다. 이 책의 예제는 사실상의 표준을 준수해 작성됐다.

먼저 리스트 6-9와 같이 인수를 허용하도록 구성 요소를 일부 수정한다. 이 인수는 경로 매개변수로 채워진다.

리스트 6-9. 매개변수가 있는 구성 요소

```
const detail = (params) => {
    const { id } = params
    container
        .textContent = `
            This is Detail Page with Id ${id}
        `
}
```

```
const anotherDetail = (params) => {
    const { id, anotherId } = params
    container
        .textContent = `
            This is another Detail Page with Id ${id}
            and AnotherId ${anotherId}
        `
}
```

리스트 6-10은 이 두 가지 구성 요소를 상대적인 URL과 바인딩하는 방법을 보여
준다.

리스트 6-10. 매개변수로 경로 정의

```
router
    .addRoute('#/', pages.home)
    .addRoute('#/list', pages.list)
    .addRoute('#/list/:id', pages.detail)
    .addRoute('#/list/:id/:anotherId', pages.anotherDetail)
    .setNotFound(pages.notFound)
    .start()
```

이제 경로 매개변수 관리를 위해 라우터 구현을 수정해야 한다. 이 구현은 정규 표
현식(정규식이라고도 함)을 기반으로 한다. 정규 표현식에 친숙하지 않다면 특정 정
규 표현식이 무엇인지 이해하는 데 유용한 도구인 Regex101(https://regex101.com)
을 사용하는 것이 좋다.

먼저 addRoute 메서드의 첫 번째 인수로 사용되는 URL에서 매개변수 이름을 추출
한다. 예를 들어 #/list/:id/:anotherId에서 id와 anotherId를 가진 배열을 추출
해야 한다. 이를 수행하는 방법은 리스트 6-11에서 확인할 수 있다.

리스트 6-11. 프래그먼트에서 매개변수 이름 추출

```
const ROUTE_PARAMETER_REGEXP = /:(\w+)/g
const URL_FRAGMENT_REGEXP = '([^\\/]+)'

router.addRoute = (fragment, component) => {
    const params = []

    const parsedFragment = fragment
        .replace(
            ROUTE_PARAMETER_REGEXP,
            (match, paramName) => {
                params.push(paramName)
                return URL_FRAGMENT_REGEXP
            })
        .replace(/\//g, '\\/')

    routes.push({
        testRegExp: new RegExp(`^${parsedFragment}$`),
        component,
        params
    })

    return router
}
```

프래그먼트에서 매개변수 이름을 추출하려면 정규식 /:(\w+)/g를 사용한다. 이 정규식은 :id 및 :anotherId와 매칭된다. 다음 스키마를 사용하면 정규식의 목적을 더 잘 이해할 수 있다.

- :(\w+)
    - :은 정확하게 한 문자와 매칭한다.
    - ()는 캡처 그룹의 시작을 나타낸다.
    - \w는 [a-zA-Z0-9_]의 단축키로 모든 표준 문자와 매칭한다.

- +는 하나 이상의 표준 문자를 허용함을 나타낸다.

이 정규식은 String 객체의 replace 함수와 함께 사용된다. 콜백은 정규식이 대상 String(예제의 경우 프래그먼트)과 매칭될 때마다 호출된다. 이 콜백의 두 번째 인수는 params 배열에 추가하는 매개변수의 이름이다. 그런 다음 다른 정규식 ([^\\/]+)으로 매칭이 바뀐다. 마지막으로 ^과 $ 사이에 새 프래그먼트를 래핑한다.

따라서 #/list/:id/:anotherId 프래그먼트를 addRoute 메서드에 인수로 전달하면 testRegExp 값이 ^#\/list\/([^\\/]+)\/([^\\/]+)$가 되고, 이 경로가 location 객체의 현재 프래그먼트와 매칭되는지 확인하는 데 사용한다.

다음은 정규식을 설명하는 스키마다.

- ^#\/list\/([^\\/]+)\/([^\\/]+)$
  - ^은 문자열의 시작을 나타낸다.
  - #\/list\/는 정확한 문자열과 매칭된다.
  - ()는 첫 번째 캡처 그룹의 시작을 나타낸다.
  - [^\\/]는 /나 \를 제외한 모든 문자와 매칭된다.
  - +는 하나 이상의 이전 매칭 항목을 수락함을 나타낸다.
  - ()는 두 번째 캡처 그룹의 시작을 나타낸다.
  - [^\\/]는 /나 \를 제외한 모든 문자와 매칭된다.
  - +는 하나 이상의 이전 매칭 항목을 수락함을 나타낸다.
  - $는 문자열의 끝을 나타낸다.

이제 프래그먼트를 파싱했으므로 생성된 정규 표현식을 사용해 현재 프래그먼트의 올바른 경로를 선택하고 실제 매개변수를 추출한다(리스트 6-12 참고).

리스트 6-12. 현재 프래그먼트에서 URL 매개변수 추출

```
const extractUrlParams = (route, windowHash) => {
    if (route.params.length === 0) {
        return {}
    }

    const params = {}

    const matches = windowHash
        .match(route.testRegExp)

    matches.shift()

    matches.forEach((paramValue, index) => {
        const paramName = route.params[index]
        params[paramName] = paramValue
    })

    return params
}

const checkRoutes = () => {
    const { hash } = window.location

    const currentRoute = routes.find(route => {
        const { testRegExp } = route
        return testRegExp.test(hash)
    })

    if (!currentRoute) {
        notFound()
        return
    }

    const urlParams = extractUrlParams(
        currentRoute,
        window.location.hash
    )
```

```
    currentRoute.component(urlParams)
}
```

보다시피 testRegExp를 사용해 현재 프래그먼트가 레지스트리의 경로 중 하나와 매칭되는지 확인한 후 동일한 정규식을 사용해 구성 요소 함수의 인수로 사용될 매개변수를 추출한다.

extractUrlParams에서 shift의 사용법을 확인하자. String.matches 메서드는 첫 번째 요소가 일치하는 배열을 반환하지만 다른 요소는 캡처 그룹의 결과다. shift 를 사용해 해당 배열에서 첫 번째 요소를 삭제한다.

다음은 매개변수로 경로를 관리할 때 발생하는 상황을 요약한 것이다.

1. #/list/:id/:anotherId 프래그먼트가 addRoute 메서드로 전달된다.
2. addRoute 메서드는 두 개의 매개변수 이름(id와 anotherId)을 추출하고 정 규식 ^#\/list\/([^\\/]+)\/([^\\/]+)$에서 프래그먼트를 변환한다.
3. 사용자가 #/list/1/2 같은 프래그먼트를 탐색할 때 checkRoutes 메서드는 정규식을 사용해 올바른 경로를 선택한다.
4. extractUrlParams 메서드는 이 객체의 현재 프래그먼트에서 실제 매개변 수를 추출한다. {id:1, anotherId:2}
5. 객체가 DOM을 업데이트하는 구성 요소 함수로 전달된다.

그림 6-4는 #/list/1/2로 탐색할 때 사용자에게 표시되는 내용을 보여준다.

그림 6-4. 경로 매개변수가 있는 프로젝트의 예

리스트 6-13은 프래그먼트 식별자에 기반을 둔 라우터의 전체 코드를 보여준다.

리스트 6-13. 프래그먼트 식별자에 기반을 둔 라우터

```
const ROUTE_PARAMETER_REGEXP = /:(\w+)/g
const URL_FRAGMENT_REGEXP = '([^\\/]+)'

const extractUrlParams = (route, windowHash) => {
    const params = {}

    if (route.params.length === 0) {
        return params
    }

    const matches = windowHash
        .match(route.testRegExp)

    matches.shift()

    matches.forEach((paramValue, index) => {
        const paramName = route.params[index]
        params[paramName] = paramValue
    })

    return params
}

export default () => {
    const routes = []
    let notFound = () => {}

    const router = {}

    const checkRoutes = () => {
        const { hash } = window.location

        const currentRoute = routes.find(route => {
            const { testRegExp } = route
            return testRegExp.test(hash)
```

```
        })

        if (!currentRoute) {
            notFound()
            return
        }

        const urlParams = extractUrlParams(
            currentRoute,
            window.location.hash
        )

        currentRoute.component(urlParams)
    }

    router.addRoute = (fragment, component) => {
        const params = []

        const parsedFragment = fragment
            .replace(
                ROUTE_PARAMETER_REGEXP,
                (match, paramName) => {
                    params.push(paramName)
                    return URL_FRAGMENT_REGEXP
                })
            .replace(/\//g, '\\/')

        console.log(`^${parsedFragment}$`)

        routes.push({
            testRegExp: new RegExp(`^${parsedFragment}$`),
            component,
            params
        })

        return router
    }
```

```
router.setNotFound = cb => {
    notFound = cb
    return router
}

router.navigate = fragment => {
    window.location.hash = fragment
}

router.start = () => {
    window
        .addEventListener(
            'hashchange',
            checkRoutes
        )

    if (!window.location.hash) {
        window.location.hash = '#/'
    }

    checkRoutes()
}

return router
}
```

참고

이 첫 번째 구현의 공개 API는 이 장에서 다루는 다른 구현의 기반이 된다.

히스토리 API

히스토리 API^{History API}를 통해 개발자는 사용자 탐색 히스토리를 조작할 수 있다. 라우터의 두 번째 구현은 이 API나 메서드 중 하나를 사용하려고 한다. 표 6-1은 히스토리 API의 치트 시트^{Cheat Sheet}다. 자세한 내용은 모질라 개발자 네트워크 (https://developer.mozilla.org/en-US/docs/Web/API/History)의 전용 페이지를 참조한다.

표 6-1. 히스토리 API 치트 시트

서명	설명
back()	히스토리에서 이전 페이지로 이동한다.
forward()	히스토리에서 다음 페이지로 이동한다.
go(index)	히스토리에서 특정 페이지로 이동한다.
pushState(state, title, URL)	히스토리 스택의 데이터를 푸시하고 제공된 URL로 이동한다.
replaceState(state, title, URL)	히스토리 스택에서 가장 최근 데이터를 바꾸고 제공된 URL로 이동한다.

라우팅을 위해 히스토리 API를 사용하는 경우 프래그먼트 식별자를 기반으로 경로를 지정할 필요가 없다. 대신 http://localhost:8080/list/1/2 같은 실제 URL을 활용한다.

리스트 6-14는 히스토리 API를 기반으로 하는 버전이다.

리스트 6-14. 히스토리 API로 작성된 라우터

```
const ROUTE_PARAMETER_REGEXP = /:(\w+)/g
const URL_FRAGMENT_REGEXP = '([^\\/]+)'
const TICKTIME = 250

const extractUrlParams = (route, pathname) => {
    const params = {}

    if (route.params.length === 0) {
        return params
    }
```

```
        const matches = pathname
            .match(route.testRegExp)

        matches.shift()
        matches.forEach((paramValue, index) => {
            const paramName = route.params[index]
            params[paramName] = paramValue
        })

        return params
}

export default () => {
    const routes = []
    let notFound = () => {}
    let lastPathname

    const router = {}

    const checkRoutes = () => {
        const { pathname } = window.location
        if (lastPathname === pathname) {
            return
        }

        lastPathname = pathname

        const currentRoute = routes.find(route => {
            const { testRegExp } = route
            return testRegExp.test(pathname)
        })

        if (!currentRoute) {
            notFound()
            return
        }

        const urlParams = extractUrlParams(currentRoute, pathname)
```

```
        currentRoute.callback(urlParams)
    }

    router.addRoute = (path, callback) => {
        const params = []

        const parsedPath = path
            .replace(
                ROUTE_PARAMETER_REGEXP,
                (match, paramName) => {
                    params.push(paramName)
                    return URL_FRAGMENT_REGEXP
                })
            .replace(/\//g, '\\/')


        routes.push({
            testRegExp: new RegExp(`^${parsedPath}$`),
            callback,
            params
        })

        return router
    }

    router.setNotFound = cb => {
        notFound = cb
        return router
    }

    router.navigate = path => {
        window
            .history
            .pushState(null, null, path)
    }

    router.start = () => {
```

```
        checkRoutes()
        window.setInterval(checkRoutes, TICKTIME)
    }

    return router
}
```

이 리스트와 프래그먼트 식별자를 기반으로 하는 리스트 6-13의 차이점을 비교해보자. pushState 메서드는 히스토리 API에서 유일한 메서드로, 새 URL로 이동한다.

리스트 6-14와 리스트 6-13의 가장 큰 차이점은 URL이 변경될 때 알림을 받을 수 있는 DOM 이벤트가 없다는 것이다. 비슷한 결과를 얻고자 setInterval을 사용해 경로 이름이 변경됐는지 정기적으로 확인했다.

공개 API는 변경되지 않았다. 유일하게 변경해야 하는 부분은 리스트 6-15와 같이 경로에서 앞부분의 해시를 제거하는 것이다.

리스트 6-15. 프래그먼트 식별자 없이 경로 정의

```
router
    .addRoute('/', pages.home)
    .addRoute('/list', pages.list)
    .addRoute('/list/:id', pages.detail)
    .addRoute('/list/:id/:anotherId', pages.anotherDetail)
    .setNotFound(pages.notFound)
    .start()
```

링크 사용

히스토리 API로 완전히 전환하려면 템플릿에 있는 링크를 업데이트해야 한다. 리스트 6-16은 샘플 애플리케이션의 초기 템플릿에서 업데이트된 버전이다. 여기

서 링크는 동일한 페이지의 프래그먼트 식별자가 아닌 실제 URL을 가리킨다.

리스트 6-16. 히스토리 API 링크 탐색

```
<header>
    <a href="/">Go To Index</a>
    <a href="/list">Go To List</a>
    <a href="/list/1">Go To Detail With Id 1</a>
    <a href="/list/2">Go To Detail With Id 2</a>
    <a href="/list/1/2">Go To Another Detail</a>
    <a href="/dummy">Dummy Page</a>
</header>
```

단순히 href 속성을 변경하는 것만으로는 충분하지 않다. 이 링크는 기대한 바대로 동작하지 않는다. 예를 들어 Go To List 링크를 클릭하면 http://localhost:8080/list/index.html로 이동해 404 HTTP 오류가 발생한다.

이 링크가 동작하게 하려면 디폴트 동작을 변경해야 한다. 가장 먼저 해야 할 일은 리스트 6-17처럼 내부 탐색에 사용되는 모든 링크를 표시하는 것이다.

리스트 6-17. 히스토리 API 탐색 표시 링크

```
<header>
    <a data-navigation href="/">Go To Index</a>
    <a data-navigation href="/list">Go To List</a>
    <a data-navigation href="/list/1">Go To Detail With Id 1</a>
    <a data-navigation href="/list/2">Go To Detail With Id 2</a>
    <a data-navigation href="/list/1/2">Go To Another Detail</a>
    <a data-navigation href="/dummy">Dummy Page</a>
</header>
```

표준 탐색을 비활성화하고 라우터 navigate 메서드를 사용하는 리스트 6-18에서 이 링크를 쉽게 확인할 수 있다.

리스트 6-18. 내부 탐색 링크의 동작 변경

```
const NAV_A_SELECTOR = 'a[data-navigation]'

router.start = () => {
    checkRoutes()
    window.setInterval(checkRoutes, TICKTIME)

    document
        .body
        .addEventListener('click', e => {
            const { target } = e
            if (target.matches(NAV_A_SELECTOR)) {
                e.preventDefault()
                router.navigate(target.href)
            }
        })

    return router
}
```

라우터 인터셉트는 3장에서 설명한 이벤트 위임 기술을 사용해 모든 내부 탐색 앵커를 클릭한다. Event 객체의 preventDefault 메서드를 사용해 모든 DOM 요소의 표준 핸들러를 비활성화할 수 있다.

Navigo

이 장에서 분석할 마지막 구현은 아주 간단하고 작은 오픈소스 라이브러리인 Navigo(https://github.com/krasimir/navigo)를 기반으로 한다.

모든 라이브러리를 여기서 작성한 공개 인터페이스로 래핑하는 것이 중요하다. 리스트 6-19의 구현에서 볼 수 있듯이 동일한 API를 유지하면서 라우터 자체의 내부 코드만 변경했다.

리스트 6-19. Navigo를 사용한 라우터 구현

```
export default () => {
    const navigoRouter = new window.Navigo()
    const router = {}

    router.addRoute = (path, callback) => {
        navigoRouter.on(path, callback)
        return router
    }

    router.setNotFound = cb => {
        navigoRouter.notFound(cb)
        return router
    }

    router.navigate = path => {
        navigoRouter.navigate(path)
    }

    router.start = () => {
        navigoRouter.resolve()
        return router
    }

    return router
}
```

내부 탐색 링크 관리는 이전 구현과 아주 유사하다. 리스트 6-20에서 볼 수 있듯이 data-navigation을 data-navigo로 변경하기만 하면 된다.

리스트 6-20. Navigo로 내부 탐색 링크

```
<header>
    <a data-navigo href="/">Go To Index</a>
    <a data-navigo href="/list">Go To List</a>
    <a data-navigo href="/list/1">Go To Detail With Id 1</a>
```

```
        <a data-navigo href="/list/2">Go To Detail With Id 2</a>
        <a data-navigo href="/list/1/2">Go To Another Detail</a>
        <a data-navigo href="/dummy">Dummy Page</a>
    </header>
```

올바른 라우터를 선택하는 방법

세 가지 구현 간에 의미 있는 차이는 없다. 히스토리 API는 인터넷 익스플로러 9 이하에서 지원되지 않지만 큰 문제는 아니다. 먼저 프레임워크 없는 구현으로 시작하고 아주 복잡한 것이 필요한 경우에만 서드파티 라이브러리로 전환할 것을 제안한다.

라우팅은 모든 SPA에 있어서의 신경계^{nervous system}와 같다. 라우팅은 URL을 사용자가 보고 있는 화면을 매칭시킨다. 프레임워크로 작업할 때도 이 점을 명심하기 바란다. 프로젝트에 리액트 라우터를 사용하는 경우 단일 페이지 애플리케이션의 라우팅 시스템을 변경하기가 매우 어렵기 때문에 프로젝트에서 리액트를 제거하기가 매우 어렵다. 하지만 라우팅 시스템이 독립적이라면 프레임워크 뷰를 하나씩 변경해보기 바란다.

팁

프레임워크를 사용할 때는 라우팅을 위해 별도의 계층을 유지하는 것이 좋다.

요약

6장에서는 단일 페이지 애플리케이션을 알아봤다. 또한 클라이언트 측 라우팅 시스템을 작성하는 방법도 배웠다. 두 개의 프레임워크 없는 버전의 라우터를 구축했다. 하나는 프래그먼트 식별자를 기반으로 하고 다른 하나는 히스토리 API를 기반으로 한다. 마지막으로 아주 작은 자바스크립트 라이브러리인 Navigo를 기반으로 라우터를 작성해봤다.

7장에서는 다양한 상태 관리 기술로 애플리케이션의 상태를 관리하는 방법을 배운다.

상태 관리

6장에서는 데이터 표시와 사용자 입력 관리 방법을 배우고 HTTP 요청과 라우터를 만들었다. 이런 기술들을 기본 블록으로 생각할 수 있다. 그러나 프레임워크 없이 실제 코드 작성을 시작하기 전에 먼저 이런 여러 요소들을 함께 연결하는 데이터 (또는 상태) 관리 방법을 알아야 한다. 프론트엔드 애플리케이션이나 좀 더 일반적으로는 모든 종류의 클라이언트 애플리케이션(웹, 데스크톱, 모바일)의 효과적인 데이터 관리 방법을 상태 관리state management라고 한다.

상태 관리는 새로운 문제를 해결하지 못한다. 모델-뷰-컨트롤러(가장 유명한 상태 관리 패턴)는 1970년대에 처음 소개됐지만, 리액트가 주류 라이브러리가 되면서 블로그, 콘퍼런스 등에 이 용어가 등장하기 시작했다. 오늘날에는 프론트엔드 상태 관리용 전용 라이브러리도 등장했다. 그중 일부는 Vuex(Vue.js용)와 NgRx(앵귤러용) 같이 기존 프레임워크에 종속적이지만 MobX와 Redux 같은 라이브러리들은 프레임워크에 관계없이 자유롭게 사용할 수 있다.

상태 관리 코드에 적합한 아키텍처의 선택은 애플리케이션을 건강하게 유지 관리

하는 데 중요하다. 7장에서는 3가지 상태 관리 전략을 구축하고 비교해 장단점을
분석해본다.

ToDoMVC 애플리케이션 리뷰

3장에서 작성한 TodoMVC 코드와 함수 렌더링 엔진을 7장에서 작성하는 예제의
기반으로 사용한다. 리스트 7-1에서 todo와 필터를 조작하는 모든 이벤트와 함께
컨트롤러의 코드를 볼 수 있다.

이 애플리케이션의 전체 코드는 https://github.com/Apress/frameworkless-front-
end-development/tree/master/Chapter07/00에서 볼 수 있다.

리스트 7-1. TodoMVC 컨트롤러

```
import todosView from './view/todos.js'
import counterView from './view/counter.js'
import filtersView from './view/filters.js'
import appView from './view/app.js'
import applyDiff from './applyDiff.js'

import registry from './registry.js'

registry.add('app', appView)
registry.add('todos', todosView)
registry.add('counter', counterView)
registry.add('filters', filtersView)

const state = {
    todos: [],
    currentFilter: 'All'
}

const events = {
```

```
addItem: text => {
    state.todos.push({
        text,
        completed: false
    })
    render()
},
updateItem: (index, text) => {
    state.todos[index].text = text
    render()
},
deleteItem: (index) => {
    state.todos.splice(index, 1)
    render()
},
toggleItemCompleted: (index) => {
    const {
        completed
    } = state.todos[index]
    state.todos[index].completed = !completed
    render()
},
completeAll: () => {
    state.todos.forEach(t => {
        t.completed = true
    })
    render()
},

clearCompleted: () => {
    state.todos = state.todos.filter(
        t => !t.completed
    )
    render()
},
changeFilter: filter => {
```

```
        state.currentFilter = filter

        render()
    }
}

const render = () => {
    window.requestAnimationFrame(() => {
        const main = document.querySelector('#root')

        const newMain = registry.renderRoot(
            main,
            state,
            events)

        applyDiff(document.body, main, newMain)
    })
}

render()
```

상태 관리 코드는 events 객체에 정의돼 있으며, 이 객체는 메서드를 DOM 핸들러에 연결하고자 View 함수에 전달된다.

모델-뷰-컨트롤러

상태를 컨트롤러에서 유지하는 것은 상태 관리의 좋은 방법은 아니다. 디자인을 향상시키는 첫 번째 단계는 이 코드를 별도의 파일로 옮기는 것이다. 리스트 7-2는 애플리케이션의 상태를 외부 모델에서 관리하는 컨트롤러의 업데이트된 버전을 보여준다.

리스트 7-2. 모델이 분리된 컨트롤러

```javascript
import modelFactory from './model/model.js'

const model = modelFactory()

const events = {
    addItem: text => {
        model.addItem(text)
        render(model.getState())
    },
    updateItem: (index, text) => {
        model.updateItem(index, text)
        render(model.getState())
    },
    deleteItem: (index) => {
        model.deleteItem(index)
        render(model.getState())
    },
    toggleItemCompleted: (index) => {
        model.toggleItemCompleted(index)
        render(model.getState())
    },
    completeAll: () => {
        model.completeAll()
        render(model.getState())
    },
    clearCompleted: () => {
        model.clearCompleted()
        render(model.getState())
    },
    changeFilter: filter => {
        model.changeFilter(filter)
        render(model.getState())
    }
}
```

```
const render = (state) => {
    window.requestAnimationFrame(() => {
        const main = document.querySelector('#root')

        const newMain = registry.renderRoot(
            main,
            state,
            events)

        applyDiff(document.body, main, newMain)
    })
}

render(model.getState())
```

렌더링에 사용된 실제 데이터는 model 객체의 getState 메서드에서 반환된다. 리스트 7-3에서 코드를 확인할 수 있다. 여기서는 간단히 하고자 addItem과 updateItem 메서드만 보여줬다. 전체 코드는 깃허브 저장소 https://github.com/Apress/frameworkless-front-end-development/blob/master/Chapter07/00/model/model.js에서 확인할 수 있다.

리스트 7-3. TodoMVC 애플리케이션을 위한 간단한 모델 객체

```
const cloneDeep = x => {
    return JSON.parse(JSON.stringify(x))
}

const INITIAL_STATE = {
    todos: [],
    currentFilter: 'All'
}

export default (initalState = INITIAL_STATE) => {
    const state = cloneDeep(initalState)
```

```
const getState = () => {
    return Object.freeze(cloneDeep(state))
}

const addItem = text => {
    if (!text) {
        return
    }

    state.todos.push({
        text,
        completed: false
    })
}

const updateItem = (index, text) => {
    if (!text) {
        return
    }
    if (index < 0) {
        return
    }

    if (!state.todos[index]) {
        return
    }

    state.todos[index].text = text
}

// 다른 메서드들...

return {
    addItem,
    updateItem,
    deleteItem,
    toggleItemCompleted,
```

```
            completeAll,
            clearCompleted,
            changeFilter,
            getState
        }
    }
```

model 객체에서 추출한 값은 불변^{immutable}이다. getState가 호출될 때마다 복사본을
생성한 다음 Object.freeze(https://developer.mozilla.org/it/docs/Web/JavaScript/Reference/
Global_Objects/Object/freeze)로 고정해 이를 수행한다. 객체를 복제하고자 JSON 객
체의 parse와 serialize 메서드를 사용했다. 먼저 상태를 문자열로 직렬화한 다음
JSON 문자열에서 객체를 파싱해 원래 객체의 깊은 복제^{deep clone}를 가져온다. 이 방
법은 느릴 수 있지만 여기서는 단순화를 위해 사용했다. 실제 애플리케이션에서
는 보통 로대쉬^{Lodash}의 cloneDeep 함수(www.npmjs.com/package/lodash.clonedeep)
를 사용한다. 이 장의 대부분 예제에서 이 두 함수를 사용한다. 예제 코드를 짧게
유지하고자 정의는 표시하지 않았다.

불변 상태를 사용해 데이터를 전송하면 이 API의 소비자는 상태를 조작하는 데 공
개 메서드를 사용해야 한다. 이런 방법으로 비즈니스 로직이 Model 객체에 완전히
포함돼 있으면 애플리케이션의 다른 부분에 흩어지지 않는다. 이 접근 방식은 상
태 관리 코드를 코드베이스 수명기간 동안 높은 수준의 테스트 가능성으로 유지
하는 데 도움이 된다. 리스트 7-4는 Model 객체를 위한 테스트 스위트^{test suite}의 일
부를 보여준다.

리스트 7-4. TodoMVC 상태 객체용 테스트 스위트

```
import stateFactory from './state.js'

describe('external state', () => {
    test('data should be immutable', () => {
```

```
        const state = stateFactory()

    expect(() => {
        state.get().currentFilter = 'WRONG'
    }).toThrow()
})

test('should add an item', () => {
    const state = stateFactory()

    state.addItem('dummy')

    const { todos } = state.get()

    expect(todos.length).toBe(1)
    expect(todos[0]).toEqual({
        text: 'dummy',
        completed: false
    })
})

test('should not add an item when a falsy text is provided',
        () => {
    const state = stateFactory()

    state.addItem(")
    state.addItem(undefined)
    state.addItem(0)
    state.addItem()
    state.addItem(false)

    const { todos } = state.get()

    expect(todos.length).toBe(0)
})

test('should update an item', () => {
    const state = stateFactory({
```

```
        todos: [{
            text: 'dummy',
            completed: false
        }]
    })

    state.updateItem(0, 'new-dummy')

    const { todos } = state.get()

    expect(todos[0].text).toBe('new-dummy')
})

test('should not update an item when an invalid index is
        provided', () => {
    const state = stateFactory({
        todos: [{
            text: 'dummy',
            completed: false
        }]
    })

    state.updateItem(1, 'new-dummy')

    const { todos } = state.get()

    expect(todos[0].text).toBe('dummy')
})
})
```

TodoMVC 애플리케이션을 위한 상태 관리 라이브러리의 첫 번째 버전은 고전적인 모델-뷰-컨트롤러MVC 구현이다. 역사적으로 MVC는 클라이언트 애플리케이션의 상태 관리에 사용된 첫 번째 패턴 중 하나다. 그림 7-1에서 이 패턴의 스키마를 확인할 수 있다.

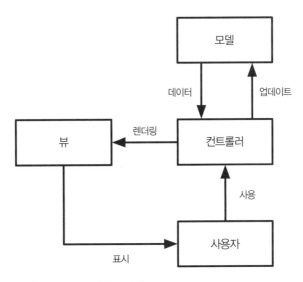

그림 7-1. MVC 패턴 스키마

이 모델 객체가 다른 구현들의 기반이 된다. 따라서 계속하기 전에 먼저 애플리케이션의 워크플로와 부분들 간의 관계를 살펴보자.

1. 컨트롤러는 모델에서 초기 상태를 가져온다.
2. 컨트롤러는 뷰를 호출해 초기 상태를 렌더링한다.
3. 시스템이 사용자 입력을 받을 준비가 된다.
4. 사용자가 어떤 동작을 수행한다(예, 항목 추가).
5. 컨트롤러는 올바른 `Model` 메서드(`model.addItem`)로 사용자의 동작과 매핑한다.
6. 모델이 상태를 업데이트한다.
7. 컨트롤러는 모델에서 새로운 상태를 얻는다.
8. 컨트롤러는 뷰를 호출해 새로운 상태를 렌더링한다.
9. 시스템이 사용자 입력을 받을 준비가 됐다.

이 워크플로는 대부분의 프론트엔드 애플리케이션에서 일반적이다. 그림 7-2에

워크플로가 요약돼 있다. 렌더링과 사용자 동작 사이의 루프를 렌더링 주기라고
한다.

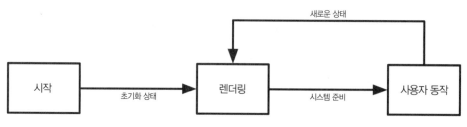

그림 7-2. 렌더링 주기

옵저버블 모델

MVC 기반으로 작성한 첫 번째 상태 관리 코드는 우리의 유스케이스에서 잘 동작
한다. 하지만 사용자가 동작을 수행할 때마다 Render 메서드를 수동으로 호출해
야 하기 때문에 모델과 컨트롤러 간의 통합이 완벽하지 않다. 최적의 솔루션이 아
닌 데는 다음의 두 가지 이유가 있다. 첫째, 상태 변경 후에 렌더링을 수동으로 호
출하는 방법은 오류가 발생하기 쉬운 접근 방식이다. 둘째, 동작이 상태를 변경하
지 않을 때(예, 빈 항목을 리스트에 추가)에도 render 메서드가 호출된다. 이들 문제는
관찰자 패턴observer pattern(https://en.wikipedia.org/wiki/Observer_pattern)을 기반으로
하는 다음 버전의 모델에서 해결된다.

리스트 7-5는 새 버전의 모델 코드를 보여준다. 가독성을 높이고자 이전 버전과의
차이를 굵은체로 표시했다. 전체 코드는 https://github.com/Apress/frameworkless-
front-end-development/blob/master/Chapter07/01/model/model.js를 참고한다.

리스트 7-5. 옵저버블 TodoMVC 모델

```
const INITIAL_STATE = {
    todos: [],
```

```
        currentFilter: 'All'
}

export default (initalState = INITIAL_STATE) => {
    const state = cloneDeep(initalState)
    let listeners = []

    const addChangeListener = listener => {
        listeners.push(listener)

        listener(freeze(state))

        return () => {
            listeners = listeners.filter(
                l => l !== listener
            )
        }
    }

    const invokeListeners = () => {
        const data = freeze(state)
        listeners.forEach(l => l(data))
    }

    const addItem = text => {
        if (!text) {
            return
        }

        state.todos.push({
            text,
            completed: false
        })

        invokeListeners()
    }

    const updateItem = (index, text) => {
```

```
            if (!text) {
                return
            }

            if (index < 0) {
                return
            }

            if (!state.todos[index]) {
                return
            }

            state.todos[index].text = text

            invokeListeners()
        }

        //다른 메서드들...
        return {
            addItem,
            updateItem,
            deleteItem,
            toggleItemCompleted,
            completeAll,
            clearCompleted,
            changeFilter,
            addChangeListener
        }
    }
```

옵저버블 모델의 공개 API를 이해하고자 새 모델에 대한 간단한 테스트 스위트를
보여주는 리스트 7-6을 확인해보자.

리스트 7-6. 옵저버블 모델을 위한 단위 테스트

```
import modelFactory from './model.js'
let model

describe('observable model', () => {
    beforeEach(() => {
        model = modelFactory()
    })

    test('listeners should be invoked immediatly', () => {
        let counter = 0
        model.addChangeListener(data => {
            counter++
        })
        expect(counter).toBe(1)
    })

    test('listeners should be invoked when changing data', () => {
        let counter = 0
        model.addChangeListener(data => {
            counter++
        })
        model.addItem('dummy')
        expect(counter).toBe(2)
    })

    test('listeners should be removed when unsubscribing', () => {
        let counter = 0
        const unsubscribe = model
            .addChangeListener(data => {
                counter++
            })
        unsubscribe()
        model.addItem('dummy')
        expect(counter).toBe(1)
    })
```

```
    test('state should be immutable', () => {
        model.addChangeListener(data => {
            expect(() => {
                data.currentFilter = 'WRONG'
            }).toThrow()
        })
    })
})
```

테스트 코드를 읽고 나면 Model 객체에서 상태를 얻는 유일한 방법은 리스너 콜백 추가라는 것을 확실하게 알 수 있다. 이 콜백은 가입할 때와 내부 상태가 변경될 때마다 호출된다. 이 접근 방식은 리스트 7-7과 같이 컨트롤러를 단순화한다.

리스트 7-7. 컨트롤러에서 옵저버블 모델 사용

```
import modelFactory from './model/model.js'

const model = modelFactory()

const {
    addChangeListener,
    ...events
} = model

const render = (state) => {
    window.requestAnimationFrame(() => {
        const main = document.querySelector('#root')

        const newMain = registry.renderRoot(
            main,
            state,
            events)

        applyDiff(document.body, main, newMain)
    })
}
```

```
addChangeListener(render)
```

이제 컨트롤러 코드가 더 간단해졌다. render 메서드를 모델에 바인딩하는 것은 해당 메서드를 리스너로 사용할 충분한 이유다. 뷰에 전달하는 이벤트로 사용하고자 모델에서 모든 메서드(addEventListener를 제외하고)를 추출했음에 주목한다.

옵저버블 모델은 모델의 공개 인터페이스를 수정하지 않고 컨트롤러에 새로운 기능을 추가하는 데 유용하다. 리스트 7-8에서 두 개의 새로운 변경 리스너를 생성하는 버전의 컨트롤러를 확인할 수 있다. 첫 번째는 콘솔에 있는 간단한 로거[logger]다. 두 번째는 리스너 상태를 window.localStorage에 저장한다. 이런 방법으로 애플리케이션이 시작될 때 컨트롤러는 스토리지에서 초기 데이터를 로드할 수 있다.

리스트 7-8. 옵저버블 모델에서 사용되는 여러 리스너

```
import stateFactory from './model/state.js'

const loadState = () => {
    const serializedState = window
        .localStorage
        .getItem('state')

    if (!serializedState) {
        return
    }

    return JSON.parse(serializedState)
}

const state = stateFactory(loadState())

const {
    addChangeListener,
    ...events
```

```
} = state

const render = (state) => {
    // 렌더링 코드
}

addChangeListener(render)

addChangeListener(state => {
    Promise.resolve().then(() => {
        window
        .localStorage
        .setItem('state', JSON.stringify(state))
    })
})

addChangeListener(state => {
    console.log(
        `Current State (${(new Date()).getTime()})`,
        state
    )
})
```

옵저버블 모델 없이 동일한 기능을 구현하기는 어려울 뿐만 아니라 유지 관리도 힘들다. 컨트롤러가 모델과 밀접하게 결합된다면 이 패턴을 고려하는 것이 좋다.

이번 절에서는 '모델'을 단일 객체로 가정했다. TodoMVC 같은 간단한 애플리케이션에서는 맞는 말이지만 실제 시나리오에서 '모델'은 애플리케이션의 다른 모든 도메인을 관리하는 Model 객체의 모음이다.

반응형 프로그래밍

반응형 프로그래밍^{Reactive programming}은 프론트엔드 커뮤니티에서 꽤 오랫동안 사용된 전문 용어다. 반응형 프로그래밍은 앵귤러 팀이 앵귤러 프레임워크가 RxJS(자바스크립트용 리액트 확장)를 기반으로 하고 있다고 발표하면서 인기를 끌기 시작했다. 반응형 프로그램을 이해하는 가장 좋은 자료는 RxJS의 관리자 중 한 명인 안드레 스탈츠^{Andr? Staltz}가 쓴 반응형 프로그래밍 소개라는 글이다. https://gist.github.com/staltz/868e7e9bc2a7b8c1f754에서 읽을 수 있다.

간단히 말하면 반응형 패러다임의 구현은 애플리케이션이 모델 변경, HTTP 요청, 사용자 동작, 탐색 등과 같은 이벤트를 방출할 수 있는 옵저버블로 동작하도록 구현하는 것을 의미한다.

팁

자신의 코드에서 여러 옵저버블을 사용하고 있다면 이미 반응형 패러다임으로 작업하고 있는 것이다.

반응형 프로그래밍은 매우 흥미로운 주제다. 이번 장에서는 몇 가지 다른 방식으로 반응형 상태 관리 라이브러리를 작성해 반응형 프로그래밍을 간단히 알아보겠다. 이 주제를 자세히 알고 싶다면 루카 메차리라^{Luca Mezzalira}의 『Front-End Reactive Architectures(프론트엔드 반응형 아키텍처)』(Apress, 2018)를 읽어보기 바란다.

반응형 모델

리스트 7-5에서 생성한 모델은 반응형 상태 관리의 예다. 그러나 다양한 모델 객체를 갖고 있는 복잡한 애플리케이션에서 옵저버블을 생성할 수 있는 쉬운 방법이 필요하다. 이런 방식으로 도메인 로직에만 집중하고 아키텍처 부분은 별도의 라이브러리로 떠넘길 수 있다. 리스트 7-9는 옵저버블 팩토리^{observable factory}를 기반으로 하는 새 버전의 모델 객체를 보여준다.

리스트 7-9. 팩토리로 구축된 옵저버블 TodoMVC 모델

```
import observableFactory from './observable.js'

const INITIAL_STATE = {
    todos: [],
    currentFilter: 'All'
}

export default (initalState = INITIAL_STATE) => {
    const state = cloneDeep(initalState)

    const addItem = text => {
        if (!text) {
            return
        }
        state.todos.push({
            text,
            completed: false
        })
    }

    const updateItem = (index, text) => {
        if (!text) {
            return
        }

        if (index < 0) {
            return
        }

        if (!state.todos[index]) {
            return
        }
```

```
            state.todos[index].text = text
    }

    ...

    const model = {
        addItem,
        updateItem,
        deleteItem,
        toggleItemCompleted,
        completeAll,
        clearCompleted,
        changeFilter
    }

    return observableFactory(model, () => state)
}
```

리스트 7-10. 옵저버블 팩토리

```
export default (model, stateGetter) => {
    let listeners = []

    const addChangeListener = cb => {
        listeners.push(cb)
        cb(freeze(stateGetter()))
        return () => {
            listeners = listeners
                .filter(element => element !== cb)
        }
    }

    const invokeListeners = () => {
        const data = freeze(stateGetter())
        listeners.forEach(l => l(data))
    }
```

```
const wrapAction = originalAction => {
    return (...args) => {
        const value = originalAction(...args)
        invokeListeners()
        return value
    }
}

const baseProxy = {
    addChangeListener
}

return Object
    .keys(model)
    .filter(key => {
        return typeof model[key] === 'function'
    })
    .reduce((proxy, key) => {
        const action = model[key]
        return {
            ...proxy,
            [key]: wrapAction(action)
        }
    }, baseProxy)
}
```

옵저버블 팩토리의 코드는 다소 모호해 보이지만 기능은 매우 단순하다. Model 객체의 프록시를 생성하면 여기서 원본 모델의 모든 메서드는 원본 메서드를 래핑하고 리스너를 호출하는 동일한 이름의 새 메서드를 생성한다. 프록시로 상태를 전달하고자 간단한 게터getter 함수를 사용해 모델에서 변경이 수행될 때마다 현재 상태를 가져온다.

외부에서 보면 리스트 7-5와 리스트 7-9의 옵저버블 모델은 동일한 공개 인터페이스를 갖는다. 따라서 반응형 상태 관리 아키텍처를 설계하는 좋은 방법은 간단한 옵저버블 모델을 생성하는 것이다. 그러면 둘 이상의 Model 객체가 필요할 때 옵저버블 팩토리 추상화를 생성할 수 있다. 이것도 3장에서 소개한 YAGNI 원칙의 예가 될 수 있다.

그림 7-3에서 컨트롤러와 모델, 프록시 간의 관계를 볼 수 있다.

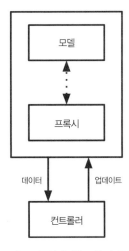

그림 7-3. 프록시가 있는 옵저버블 모델

네이티브 프록시

자바스크립트는 **Proxy** 객체(https://developer.mozilla.org/en-US/docs/Web/JavaScript/ Reference/Global_Objects/Proxy)를 통해 프록시를 생성할 수 있는 방법을 제공한다. 이 새로운 API를 사용하면 객체의 디폴트 동작을 사용자 정의 코드로 쉽게 래핑할 수 있다. 리스트 7-11은 기본 객체의 속성을 가져오거나 설정할 때마다 로그를 기록하는 간단한 프록시를 생성한다. 그림 7-4는 브라우저 콘솔의 결과를 보여준다.

리스트 7-11. 기본 프록시 객체 사용법

```
const base = {
    foo: 'bar'
}

const handler = {
    get: (target, name) => {
        console.log(`Getting ${name}`)
        return target[name]
    },
    set: (target, name, value) => {
        console.log(`Setting ${name} to ${value}`)
        target[name] = value
        return true
    }
}

const proxy = new Proxy(base, handler)

proxy.foo = 'baz'
console.log(`Logging ${proxy.foo}`)
```

⟦ᴿ ⟧	Elements	Console	Sources	Network	Performance	Memory	Application	Security	Audits
▷ ⊘ | top		▼	⊙ | Filter				Default levels ▼		

```
Setting foo to baz
Getting foo
Logging baz
>
```

그림 7-4. 기본 프록시 결과

기본 객체를 래핑하는 프록시를 생성하려면 트랩^{trap} 집합으로 구성된 핸들러가
필요하다. 트랩은 기본 객체의 기본 작업을 래핑하는 방법이다. 예제의 경우 모든
속성의 게터와 세터를 덮어썼다. set 핸들러는 작업 성공을 나타내는 불리언 값을
반환해야 한다. 리스트 7-12에서 Proxy 객체는 옵저버블 팩토리를 생성한다.

리스트 7-12. 프록시 Object.freeze를 가진 옵저버블 팩토리

```
export default (initialState) => {
    let listeners = []

    const proxy = new Proxy(cloneDeep(initialState), {
        set: (target, name, value) => {
            target[name] = value
            listeners.forEach(l => l(freeze(proxy)))
            return true
        }
    })

    proxy.addChangeListener = cb => {
        listeners.push(cb)
        cb(freeze(proxy))
        return () => {
            listeners = listeners.filter(l => l !== cb)
        }
    }
    return proxy
}
```

서명도 비슷해 보이지만 사용법은 리스트 7-13과 같이 약간 다르다. 리스트 7-13
은 이 새로운 옵저버블 팩토리로 작성된 모델의 새 버전을 보여준다.

리스트 7-13. 프록시로 구축된 옵저버블 TodoMVC 모델

```
export default (initialState = INITIAL_STATE) => {
    const state = observableFactory(initialState)

    const addItem = text => {
        if (!text) {
            return
        }

        state.todos = [...state.todos, {
```

```
            text,
            completed: false
        }]
    }

    const updateItem = (index, text) => {
        if (!text) {
            return
        }

        if (index < 0) {
            return
        }

        if (!state.todos[index]) {
            return
        }

        state.todos = state.todos.map((todo, i) => {
            if (i === index) {
                todo.text = text
            }
            return todo
        })
    }

    ...

    return {
        addChangeListener: state.addChangeListener,
        addItem,
        updateItem,
        deleteItem,
        toggleItemCompleted,
        completeAll,
        clearCompleted,
        changeFilter
```

```
    }
}
```

두 버전 간 아주 중요한 차이가 있다. 프록시 기반 버전의 경우 todos 배열을 매번 덮어쓴다. 첫 번째 버전에서 todos 배열이 수정돼 배열의 push 메서드를 호출하거나 요소를 대체한다. Proxy 객체를 사용할 때 set 트랩을 호출하려면 속성을 덮어써야 한다.

주의

Proxy 객체로 작업할 때는 속성을 수정하는 대신 속성을 교체하라.

이벤트 버스

이번 절에서는 이벤트 버스^event bus^ 패턴을 사용해 애플리케이션의 상태를 관리하는 방법을 알아본다. 이벤트 버스는 이벤트 주도 아키텍처^EDA, Event-Driven Architecture^를 구현하는 하나의 방법이다. EDA로 작업할 때 모든 상태 변경은 시스템에서 전달된 이벤트로 나타난다. 다양한 EDA와 각각의 차이점을 자세히 알고 싶다면 닐 포드^Neal Ford^, 레베카 파슨즈^Rebecca Parsons^, 패트릭 쿠아^Patrick Kua^의 『Building Evolutionary Architectures: Support Constant Change(진화 아키텍처 구축: 지속적인 변화 지원)』(O'Reilly Media, 2017)를 읽어보기 바란다.

이벤트는 발생한 상황을 식별하는 이름과 이벤트 처리를 위해 의미 있는 정보를 담고 있는 페이로드로 정의된다. 리스트 7-14는 TodoMVC 도메인에서 새 항목을 생성할 때 전달돼야 하는 이벤트의 예를 보여준다.

```
const event = {
    type: 'ITEM_ADDED',
    payload: 'Buy Milk'
}
```

이벤트 버스 패턴의 기본 개념은 애플리케이션을 구성하는 '노드'들을 연결하는 단일 객체가 모든 이벤트를 처리한다는 것이다. 이벤트가 처리되면 결과가 연결된 모든 노드로 전송된다. 상태 관리에 이벤트 버스를 사용하는 경우 이벤트 처리 결과는 애플리케이션 상태의 업데이트된 버전이다. 그림 7-5는 이벤트 버스 패턴의 다이어그램을 보여준다.

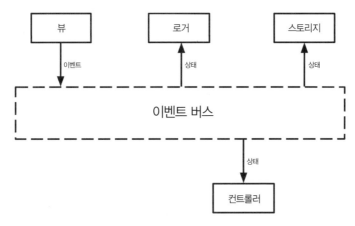

그림 7-5. 이벤트 버스 패턴

이벤트 버스의 동작 방식을 이해하고자 `ITEM_ADDED` 이벤트의 흐름을 분석해보자.

1. 뷰는 초기 상태를 렌더링한다.
2. 사용자가 폼을 작성하고 엔터키를 누른다.
3. DOM 이벤트가 뷰에 의해 캡처된다.
4. 뷰는 `ITEM_ADDED` 이벤트를 생성하고 버스로 보낸다.

5. 버스는 새로운 상태를 생성하는 이벤트를 처리한다.

6. 새로운 상태가 컨트롤러로 전송된다.

7. 컨트롤러가 뷰를 호출해 새로운 상태를 렌더링한다.

8. 시스템이 사용자 입력을 받을 준비가 됐다.

5단계에서 버스가 새로운 상태를 생성하는 이벤트를 처리한다고 했다. 그러나 이벤트 버스는 아키텍처적 요소고, 따라서 도메인 관련 코드를 포함해서는 안 되기 때문에 이는 잘못된 것이다. 이벤트 버스 패턴을 구현하려면 모델을 믹스[mix]에 추가해야 한다. 이 예제에서 모델은 그림 7-6과 같이 이전 상태와 이벤트를 받아 새로운 버전의 상태를 반환하는 함수다.

이 패턴에서는 모델에서 구독자[subscriber]로 전달되는 상태는 단일 객체라는 점에 유의하자. 이 객체에는 애플리케이션에 유용한 모든 데이터가 담겨있다. 하지만 모델이 하나의 큰 자바스크립트 함수여야 한다는 의미는 아니다. 뒤에서 이 모델을 어떻게 State 객체를 구성하는 서브모델로 분할하는지 배운다.

그림 7-6. 이벤트 버스 애플리케이션의 모델 구조

그림 7-7은 모델이 추가된 이벤트 버스 패턴의 업데이트된 다이어그램을 보여준다.

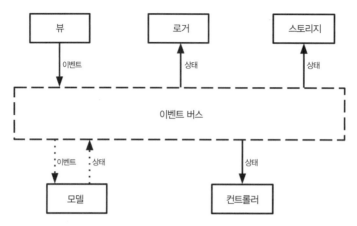

그림 7-7. 모델이 추가된 이벤트 버스 패턴

두 가지 이벤트 버스의 구현을 분석하는 것으로 이번 절을 마무리한다. 첫 번째 구현은 프레임워크 없이 작성됐고, 두 번째 구현은 Redux를 기반으로 한다. Redux는 리액트 환경에서 탄생했지만 어떤 환경에서도 사용할 수 있는 상태 관리 라이브러리다.

프레임워크 없는 구현

먼저 이벤트 버스를 분석해보자. 앞의 예제들과 마찬가지로 책에 모든 코드를 수록하지 않는다. 구현에 대한 전체 코드는 https://github.com/Apress/frameworkless-front-end-development/tree/master/Chapter07/03에서 확인할 수 있다. 이벤트 버스 코드는 리스트 7-15에 있다.

리스트 7-15. 프레임워크 없는 이벤트 버스

```
export default (model) => {
    let listeners = []
    let state = model()

    const subscribe = listener => {
```

```
        listeners.push(listener)

        return () => {
            listeners = listeners
                .filter(l => l !== listener)
        }
    }

    const invokeSubscribers = () => {
        const data = freeze(state)
        listeners.forEach(l => l(data))
    }

    const dispatch = event => {
        const newState = model(state, event)

        if (!newState) {
            throw new Error('model should always return a value')
        }

        if (newState === state) {
            return
        }

        state = newState

        invokeSubscribers()
    }
    return {
        subscribe,
        dispatch,
        getState: () => freeze(state)
    }
}
```

이 시나리오에서 모델은 입력으로 이전 상태와 이벤트를 받아 새로운 상태를 반환하는 함수다. 모델의 또 다른 중요한 특성은 '순수 함수pure function'라는 것이다.

순수 함수는 Math.cos(x) 같은 표준 수학 함수 같이 반환값이 입력값에 의해서만 결정되는 함수를 말한다.

순수 함수로 설계된 모델은 새로운 상태가 모델 자체의 내부 상태가 되므로 테스트 가능성을 크게 향상시킨다. 상태가 업데이트되면 항상 새 객체가 되므로, 이 특성을 사용하면 성능을 최적화시킬 수 있다. 따라서 이전 상태와 새 상태가 동일하면 구독자를 건너뛸 수 있다. 이 구현에서 매개변수 없이 모델을 호출하면 애플리케이션의 초기 상태를 얻을 수 있다.

이벤트 버스의 내부 동작을 이해하기 위해 리스트 7-16의 테스트 스위트를 확인해보자.

리스트 7-16. 이벤트 버스용 테스트 스위트

```
import eventBusFactory from './eventBus'
let eventBus

const counterModel = (state, event) => {
    if (!event) {
        return {
            counter: 0
        }
    }

    if (event.type !== 'COUNTER') {
        return state
    }

    return {
        counter: state.counter++
    }
}

describe('eventBus', () => {
    beforeEach(() => {
```

```
        eventBus = eventBusFactory(counterModel)
    })

    test('subscribers should be invoked when the model catch the
        event', () => {
            let counter = 0

            eventBus.subscribe(() => counter++)

            eventBus.dispatch({ type: 'COUNTER' })

            expect(counter).toBe(1)
    })

    test('subscribers should not be invoked when the model does
        not catch the event', () => {
            let counter = 0

            eventBus.subscribe(() => counter++)

            eventBus.dispatch({ type: 'NOT_COUNTER' })

            expect(counter).toBe(0)
    })

    test('subscribers should receive an immutable state', () => {
        eventBus.dispatch({ type: 'COUNTER' })
        eventBus.subscribe((state) => {
            expect(() => {
                state.counter = 0
            }).toThrow()
        })
    })

    test('should throw error if the model does not return a
        state', () => {
            const eventBus = eventBusFactory(() => {
                return undefined
```

```
        })

        expect(() => {
            eventBus.dispatch({ type: 'EVENT' })
        }).toThrow()
    })
})
```

counterModel 객체는 이벤트 버스 아키텍처에서 모델이 어떻게 동작하는지를 보여준다. COUNTER 타입의 이벤트가 전달되면 새로운 상태가 증가된 카운터 속성으로 생성된다. 다른 이벤트들은 아무런 변경 없이 이전 상태가 그대로 반환된다. 리스트 7-17은 TodoMVC 애플리케이션 모델의 일부를 보여준다.

리스트 7-17. 이벤트 버스 아키텍처를 위한 TodoMVC 모델

```
const INITIAL_STATE = {
    todos: [],
    currentFilter: 'All'
}

const addItem = (state, event) => {
    const text = event.payload
    if (!text) {
        return state
    }

    return {
        ...state,
        todos: [...state.todos, {
            text,
            completed: false
        }]
    }
}
```

```
const updateItem = (state, event) => {
    const { text, index } = event.payload
    if (!text) {
        return state
    }

    if (index < 0) {
        return state
    }

    if (!state.todos[index]) {
        return state
    }

    return {
        ...state,
        todos: state.todos.map((todo, i) => {
            if (i === index) {
                todo.text = text
            }
            return todo
        })
    }
}

const methods = {
    ITEM_ADDED: addItem,
    ITEM_UPDATED: updateItem
}

export default (initalState = INITIAL_STATE) => {
    return (prevState, event) => {
        if (!prevState) {
            return cloneDeep(initalState)
        }

        const currentMethod = methods[event.type]
```

```
        if (!currentMethod) {
            return prevState
        }

        return currentMethod(prevState, event)
    }
}
```

이벤트 타입에 따른 알맞은 메서드를 선택하고자 아주 긴 **switch**문을 사용해야 한다. 이를 피하고자 이벤트 타입을 메서드와 매핑하는 간단한 객체를 사용했다. 메서드를 찾지 못하면 모델이 해당 이벤트를 관리하지 않는 것을 의미하고, 따라서 이전 상태가 반환된다.

앞 절에서는 실제 애플리케이션에서 모델 함수는 더 작은 서브모듈로 분리돼야 한다고 말했다. 리스트 7-17의 다른 모델 버전은 깃허브 https://github.com/Apress/frameworkless-front-end-development/blob/master/Chapter07/03.1/model/model.js에서 확인할 수 있다. 이 버전의 모델은 두 개의 서브모델을 가진다. 첫 번째 서브모델은 todo를 관리하고 두 번째는 필터를 관리한다. 메인 모델 함수는 서브모델의 결과를 하나의 **State** 객체로 병합한다.

팁

이벤트 버스로 작업할 때는 코드를 쉽게 읽을 수 있도록 모델을 서브모델로 분할한다.

리스트 7-18은 이벤트 버스를 기반으로 하는 TodoMVC 애플리케이션의 컨트롤러를 보여준다.

리스트 7-18. 이벤트 버스 기반 TodoMVC 애플리케이션의 컨트롤러

```
import eventBusFactory from './model/eventBus.js'
import modelFactory from './model/model.js'
```

```
const model = modelFactory()
const eventBus = eventBusFactory(model)

const render = (state) => {
    window.requestAnimationFrame(() => {
        const main = document.querySelector('#root')

        const newMain = registry.renderRoot(
            main,
            state,
            eventBus.dispatch)

        applyDiff(document.body, main, newMain)
    })
}

eventBus.subscribe(render)

render(eventBus.getState())
```

보다시피 이 버전과 이전 버전의 가장 큰 차이는 렌더링 함수에 이벤트를 제공하지 않는다는 점이다. 대신 이벤트 버스의 dispatch 메서드를 사용한다. 이런 방식으로 리스트 7-19와 같이 뷰는 시스템에서 이벤트를 보낼 수 있다.

리스트 7-19. 이벤트 버스를 사용하는 뷰 함수

```
import eventCreators from '../model/eventCreators.js'

let template

const getTemplate = () => {
    if (!template) {
        template = document.getElementById('todo-app')
    }

    return template
```

```
        .content
        .firstElementChild
        .cloneNode(true)
}

const addEvents = (targetElement, dispatch) => {
    targetElement
        .querySelector('.new-todo')
        .addEventListener('keypress', e => {
            if (e.key === 'Enter') {
                const event = eventCreators
                    .addItem(e.target.value)
                dispatch(event)
                e.target.value = "
            }
        })
}

export default (targetElement, state, dispatch) => {
    const newApp = targetElement.cloneNode(true)
    newApp.innerHTML = "
    newApp.appendChild(getTemplate())

    addEvents(newApp, dispatch)

    return newApp
}
```

eventCreators.addItem을 사용해 전달할 Event 객체를 생성하는 것에 주목하자.
eventCreators 객체는 지속적인 이벤트 구축에 사용되는 간단한 팩토리의 모음이
다. 코드는 리스트 7-20에서 보여준다.

```
const EVENT_TYPES = Object.freeze({
    ITEM_ADDED: 'ITEM_ADDED',
    ITEM_UPDATED: 'ITEM_UPDATED'
})

export default {
    addItem: text => ({
        type: EVENT_TYPES.ITEM_ADDED,
        payload: text
    }),
    updateItem: (index, text) => ({
        type: EVENT_TYPES.ITEM_UPDATED,
        payload: {
            text,
            index
        }
    })
}
```

이들 함수는 리스트 7-14와 같이 모든 이벤트가 정규형^{canonical form}으로 유지되게 하는 데 도움이 된다.

Redux

Redux는 댄 아브라모프^{Dan Abramov}가 2015년 리액트 유럽 콘퍼런스에서 처음 발표 (www.youtube.com/watch?v=xsSnOQynTHs)한 상태 관리 라이브러리다. 그 후 리액트 애플리케이션 제작의 주류 방식이 됐다. Redux는 페이스북의 플럭스^{Flux} 아키텍처를 구현한 도구인 플럭스와 유사한 라이브러리 중 하나(그리고 가장 성공적인)다. 플럭스의 자세한 내용은 웹 사이트 https://facebook.github.io/flux/를 참고한다.

Redux를 사용하는 방식은 프레임워크 없는 이벤트 버스를 사용하는 방식과 매우 유사하다. 하지만 플럭스 패턴 이후에 만들어졌기 때문에 표 7-1에서 볼 수 있듯이 아키텍처의 구성 요소를 정의하는 데 사용되는 용어는 다르다.

표 7-1. 이벤트 버스와 Redux 요소의 비교

이벤트 버스	Redux
이벤트 버스	스토어
이벤트	액션
모델	리듀서

Redux의 기본 원칙을 더 잘 이해하려면 https://redux.js.org/introduction/three-principles에서 Redux 문서의 '세 가지 원칙' 장을 읽어보기 바란다.

이름은 다르지만 요소들은 매우 유사하다. 실제로 리스트 7-21은 Redux로 빌드된 TodoMVC 애플리케이션의 컨트롤러 코드다.

리스트 7-21. Redux 기반 TodoMVC 애플리케이션 컨트롤러

```
import reducer from './model/reducer.js'

const INITIAL_STATE = {
    todos: [],
    currentFilter: 'All'
}

const {
    createStore
} = Redux

const store = createStore(
    reducer,
    INITIAL_STATE
)
```

```
const render = () => {
    window.requestAnimationFrame(() => {
        const main = document.querySelector('#root')

        const newMain = registry.renderRoot(
            main,
            store.getState(),
            store.dispatch)

        applyDiff(document.body, main, newMain)
    })
}

store.subscribe(render)

render()
```

이벤트 버스 대신 Redux의 스토어^{store}를 사용해도 컨트롤러는 거의 차이가 없다. https://github.com/Apress/frameworkless-front-end-development/tree/master/Chapter07/04의 애플리케이션 전체 코드에서 볼 수 있듯이 리듀서^{reducer}는 프레임워크 없는 이벤트 버스의 모델과 코드가 정확히 동일하다.

프레임워크 없는 이벤트 버스 대신 Redux를 사용하는 주요 이점 중 하나는 가용한 많은 도구와 플러그인이다. 가장 널리 사용되는 도구 중 하나는 Redux DevTools로 이 도구를 사용하면 개발자는 시스템의 모든 작업을 쉽게 기록해 상태에 미치는 영향을 확인할 수 있다. 또한 JSON 형식으로 상태를 가져오거나 내보낼 수도 있다. 그림 7-8은 Redux DevTools의 동작을 보여준다.

그림 7-8. Redux DevTools

상태 관리 전략 비교

7장의 마지막 절에서는 단순성과 일관성, 확장성이라는 세 가지 관점에서 세 가지 상태 관리 전략의 특성을 비교해본다.

모델-뷰-컨트롤러

모델-뷰-컨트롤러^{Model-View-Controller}는 구현하기 매우 간단하면서 개발자에게 많은 이점을 제공한다. 예를 들어 도메인 비즈니스 로직에 대한 테스트 가능성과 관심의 분리^{separation of concerns}가 있다.

MVC의 문제는 엄격한 패턴이 아니라는 것이다. 요소의 정의와 그 사이의 관계가 불분명할 수 있다. 뷰와 컨트롤러의 차이점이 무엇인가?라는 질문에 다양한 답변이 가능하다. 이는 모든 MVC 프레임워크가 MVC 패턴의 '회색 영역^{gray areas}'을 알아서 채워야 하고, 결국 프레임워크마다 약간씩 다른 버전의 MVC가 구현된다. 프레임워크 없는 MVC에서 효과적으로 작업하려면 먼저 팀의 MVC 규칙을 정의해야한다.

동일한 특성으로 인해 확장성 문제도 발생한다. 애플리케이션이 커질수록 '회색 영역'이 증가하고, 일관성이 해결되지 않으면 코드를 읽을 수 없게 될 수 있다.

반응형 프로그래밍

반응형 프로그래밍[reactive programming]의 기본 아이디어는 애플리케이션이 옵저버블하다는 것이다. 앞에서 옵저버블한 모델을 구축하는 방법을 알아봤지만 사용자 입력에서부터 타이머와 HTTP 요청에 이르기까지 프론트엔드 애플리케이션의 모든 측면을 옵저버블하게 변환해주는 RxJS 같은 라이브러리도 있다. 이 접근 방식은 '동일한 타입'의 객체로 작업하기 때문에 뛰어난 일관성을 보장해준다.

하지만 여전히 모든 옵저버블을 래핑하는 것이 간단하지는 않다. RxJS 같은 서드 파티 라이브러리를 사용하는 것이 도움이 될 수 있지만 여전히 간단하지는 않다.

주의

쉬운 아키텍처의 구현이 단순한 아키텍처의 구현과 동일한 의미는 아니다. 우리의 목표는 가장 쉬운 아키텍처의 구현이 아니라 요구 사항을 충족하는 가장 단순한 아키텍처의 구현이다.

아주 큰 추상화로 작업하기 때문에 생각보다 간단하지 않을 수 있다. 하지만 모든 것은 옵저버블이다. 추상화로 작업하면 애플리케이션이 '누설[leak]'되기 때문에 애플리케이션이 커지면 문제가 될 수 있다(https://en.wikipedia.org/wiki/Leaky_abstraction). 누설성[Leakiness]은 반응형 프로그래밍만의 문제는 아니며 중앙 추상화를 기반으로 하는 모든 패턴(또는 프레임워크)에서 발생한다. 이 문제는 조엘 스폴스키[Joel Spolsky]의 '새는 추상화[leaky abstraction]의 법칙', 즉 "어떤 사소한 추상화라도 어느 정도 누설

된다"는 말에 잘 설명돼 있다.

애플리케이션이 커질수록 추상화에 적합하지 않은 부분이 생겨 확장성에 큰 문제가 될 수 있다.

이벤트 버스

이벤트 버스(그리고 일반적으로 이벤트 주도 아키텍처)는 "모든 상태 변경은 이벤트에 의해 생성된다"는 엄격한 규칙을 기반으로 한다. 이 규칙 덕분에 애플리케이션의 복잡성을 애플리케이션의 크기에 비례하도록 유지할 수 있지만 다른 아키텍처에서는 애플리케이션이 커질수록 복잡성이 기하급수적으로 증가한다. 큰 애플리케이션의 코드가 일반적으로 작은 애플리케이션의 코드보다 훨씬 읽기 어려운 이유 중 하나가 바로 이 때문이다.

애플리케이션을 구성하는 요소의 수가 증가함에 따라 그림 7-9와 같이 통신 방법은 더 복잡해진다.

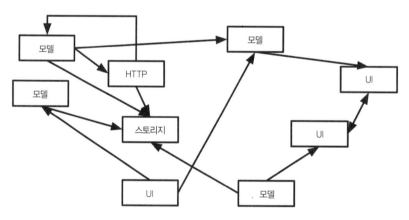

그림 7-9. 큰 애플리케이션의 복잡성

이벤트 버스 패턴을 엄격히 준수하면(버스를 통하는 것이 유일한 통신 방법이므로) 이런 복잡성을 제거할 수 있다(그림 7-9와 그림 7-7 비교). 이런 특성 덕분에 첫 번째 관심사가 코드 베이스의 확장성이라면 이벤트 버스가 매우 좋은 방법이 될 수 있다.

이벤트 버스의 프레임워크 없는 구현에서 봤듯이 이벤트 버스는 사용하기 쉽고 구축도 쉽다. 또한 패턴 뒤에 숨겨져 있는 추상화가 반응형 프로그래밍의 추상화만큼 강하지 않기 때문에 단순하기도 하다. 이벤트 버스의 가장 큰 문제는 다변성 verbosity이다. 모든 상태 업데이트에 대해 이벤트를 생성하고, 버스를 통해 이벤트를 발송하고, 상태를 업데이트한 모델을 작성한 다음 새 상태를 리스너에 전송해야 한다. 이 패턴의 다변성 때문에 애플리케이션의 모든 상태를 이 패턴으로 관리하지는 않는다. 장기적으로 개발자는 더 작거나 간단한 도메인 관리를 위해 다른 상태 관리 전략(MVC나 반응형)을 함께 사용할 수 있기 때문에 결과적으로 일관성이 떨어지게 된다.

이번 절에서 비교한 결과는 표 7-2와 같다.

표 7-2. 관리 전략 비교

	단순성	일관성	확장성
MVC	✔	✗	✗
반응형	✗	✔	−
이벤트 버스	−	✗	✔

아시다시피 이들 특성 중 어느 것도 실제로 측정할 수 있는 것은 없다. 위 결과는 내 연구와 경험에 근거한 개인적인 의견일 뿐이다. 7장에서 배운 다른 패턴을 사용하면 결론은 완전히 달라질 수도 있다.

요약

7장에서는 상태 관리와 모든 클라이언트 애플리케이션 작성에서 이것이 왜 중요한지 알아봤다. 또한 모델-뷰-컨트롤러, 반응형 프로그래밍, 이벤트 버스의 세 가지 상태 관리 전략을 분석하고 구현해봤다.

8장에서는 적합한 작업에 적합한 도구를 선택하는 도움이 되는 의사 결정 기법을 소개한다.

적합한 작업을 위한 적합한 도구

프로그래밍은 사회적 활동이다.

– 로버트 C. 마틴

7장에서는 '프레임워크 없는 툴킷'의 마지막 내용을 배웠다. 여러분은 DOM 요소를 렌더링하고, 사용자 입력을 관리하고, HTTP 요청을 생성하고, 클라이언트 측 라우팅 시스템을 구현하고, 애플리케이션 상태를 관리하는 방법을 알게 됐다. 이제 여러분은 완전히 프레임워크 없는 프론트엔드 애플리케이션을 작성할 수 있는 모든 준비가 됐다.

마지막 장은 "이제 프레임워크 없이 효과적으로 작업할 수 있게 됐으니 언제 시작하면 될까요?" 또는 좀 더 일반적으로 "이 프로젝트에 어떤 프레임워크를 사용해야 할까요? 또는 프레임워크를 전혀 사용하지 않아도 될까요?"와 같은 질문에 대한 답을 구하는 데 도움이 될 것이다. 한마디로 '적합한 작업을 위한 적합한 도구'를 선택하는 방법을 이야기할 것이다. 이번 장에서는 기술 결정을 내릴 때 명심해야 할 원칙들을 정의하고 이러한 원칙을 기반으로 실용적인 도구에 어떤 것들이 있는지 알아본다.

자바스크립트 피로

프론트엔드 개발자라면 '자바스크립트 피로^{JavaScript fatigue}'라는 표현을 들어봤을 것이다. 자바스크립트 피로라는 표현은 2016년쯤 만들어졌으며 최신 라이브러리나 프레임워크를 따라 가지 못하는 좌절감을 나타낸다. 자바스크립트 피로는 특히 초보자에게 매우 큰 부담이 될 수 있으며 커뮤니티가 제공하는 수많은 가능성에 압도 당할 수 있다.

자바스크립트 생태계의 지속적인 변화에는 몇 가지 이유가 있다. 가장 중요한 것은 이제 자바스크립트가 거의 모든 곳에서 실행된다는 것이다. 가장 기본적인 브라우저 외에도 자바스크립트는 서버(노드 덕분)와 모바일 애플리케이션, 블록체인, 사물인터넷^{IoT} 같은 많은 다양한 환경에서 실행되고 있다. 제프 앳우드^{Jeff Atwood}는 '앳우드의 법칙'에서 다음과 같이 말했다.

> 자바스크립트로 작성할 수 있는 애플리케이션이라면 결국에는 모두 자바스크립트로 작성될 것이다.

아직까지는 이 법칙이 여전히 유효한 것 같다. 표 8-1은 특정한 영역(프론트엔드 제외)에서 사용되고 있는 자바스크립트를 보여준다. 각 영역마다 예제 도구와 함께 프로젝트 홈페이지에 대한 링크를 포함시켰다.

표 8-1. 자바스크립트 생태계 치트 시트

	도구	링크
백엔드	Node.JS	https://nodejs.org
이더리움 블록체인	트러플 스위트(Truffle Suite)	https://truffleframework.com
모바일 애플리케이션	리액트 네이티브(React Native)	https://facebook.github.io/react-native/
IoT	조니 파이브(Johnny-Five)	http://johnny-five.io
NES 프로그래밍	네슬리(Nesly)	https://github.com/emkay/nesly
머신러닝	텐서플로(TensorFlow)	www.tensorflow.org
알렉사 기술	ASK(Alexa Skill Kit)	https://github.com/alexa/alexa-skills-kit-sdk-for-nodejs

'피로'의 이유를 프론트엔드로만 한정해도 무수한 선택이 존재한다. 세 가지 주요 프레임워크(앵귤러, 리액트, 뷰^{Vue}) 외에도 특정 문제 해결에 사용되는 작은 라이브러리가 많다. 이전의 장들에서 HTTP 요청을 위한 axios, 상태 관리를 위한 Redux, 라우팅을 위한 Navigo를 포함해 이런 라이브러리 중 일부를 알아봤지만 빙산의 일각에 불과하다.

개인적으로는 '자바스크립트 피로'라는 표현에 동의하지 않는다. 리액트, 앵귤러 등을 공부할 기회가 없었다면 이 책은 결코 출간되지 못했을 것이다. 프레임워크와 라이브러리는 학습에 효과적이다. 따라서 프레임워크가 많아질수록 새로운 패러다임을 더 빨리 배울 수 있다. 지금을 '자바스크립트 르네상스'라고 부르고 싶다. 자바스크립트 개발자가 되기에 최적의 시기다.

'적합한' 프레임워크

자바스크립트 르네상스에 대한 이야기로 이 장을 시작한 이유가 무엇일까? 이 생태계가 개발자에게 큰 기회를 제공해줬지만 한편으로는 여전히 적합한 프레임워크를 선택해야 하는 도전 과제가 남아있기 때문이다. 이번 장이 여러분과 여러분의 팀이 도전 과제를 해결하는 데 도움이 되기를 바란다.

팁

프레임워크를 선택할 때 항상 프레임워크 없는 옵션을 염두에 두자. 프레임워크가 항상 모든 시나리오에서 이점을 제공하지는 않는다는 것을 잘 알고 있을 것이다.

'선택'은 특정 프레임워크의 선택을 의미하는 것이 아니라 체계적인 분석과 의사 결정 기법의 적용을 의미한다. 의사 결정의 중요성 때문에 이 장에서는 프레임워크를 선택하는 데 도움이 되는 몇 가지 기본 원칙을 소개한다.

의사 결정에 대해 깊이 연구하고 싶다면 다음의 책들을 읽어보기를 추천한다.

- 도나 존스^{Dawna Jones}의 『Decision Making For Dummies(초보자들을 위한 의사 결정)』(For Dummies, 2014)
- 모건 존스^{Morgan D. Jones}의 『The Thinker's Toolkit: 14 Powerful Techniques for Problem Solving(생각하는 사람의 도구: 14가지 강력한 문제 해결 기법)』 (Currency, 1998)
- 대니얼 카너먼^{Daniel Kahneman}의 『생각에 관한 생각(Thinking, Fast and Slow)』 (김영사, 2018)

'적합한' 프레임워크란 무엇일까? '적합한^{right}'의 한 가지 사전적 정의는 '실제로 사실인 또는 실제로 맞음'이다.

그러나 프레임워크가 '실제로' 꼭 맞을 수 있을까? 나는 그렇게 생각하지 않는다. 프로젝트에 맞는 '적합한' 프레임워크는 하나 이상 존재할 수 있다. 따라서 도전 과제를 '적합한 프레임워크의 선택'에서 '충분히 좋은 프레임워크의 선택'으로 변경하겠다. '충분히 좋은'이란 팀이 목표를 달성하는 데 도움이 된다는 것이다.

팁

프레임워크가 '충분히 좋아' 보인다면 더 이상 프레임워크를 찾는 데 시간을 낭비할 필요가 없다. 완벽한 프레임워크를 찾고자 많은 시간과 비용이 소요될 수 있다.

따라서 이 장의 나머지 부분에서는 리액트, 앵귤러의 차이점을 이야기하기보다는 '충분한' 프레임워크를 선택하는 방법을 이야기하고자 한다. 다음과 같은 애자일 선언문Agile Manifesto(https://agilemanifesto.org)의 중요 요점 중 하나에 동의하기 때문이다.

프로세스와 도구에 대한 개별적 및 상호작용

다시 말해 결정을 내리는 팀과 그들이 서로 상호작용하는 방식에 집중하고 싶다. 따라서 우리의 도전 과제는 적합한 방식으로 충분히 좋은 프레임워크를 선택하는 것이다.

안티패턴

컨설턴트로 일할 때 새 프로젝트의 초기 단계부터 팀을 도와준 일이 자주 있었다. 내 임무 중 하나는 기술 스택의 선택을 돕는 일이었다. 다음 절에서는 팀이 도구와 프레임워크를 선택할 때 관찰해온 안티패턴을 알아본다.

노후화에 대한 두려움

자바스크립트 르네상스의 영향 중에는 많은 팀이 작업을 시작하자마자 스택이 이미 구식이 돼 버린 것이 아닌가 하는 두려움을 느끼게 됐다는 사실이 있다. 이 두려움 때문에 다음 프레임워크를 선택할 때는 오로지 인기에 편승하게 된다. 많은 사람이 사용할수록 좋다고 판단하는 것이다. 하지만 문제는 프레임워크의 수명과 인기 사이에는 아무런 관련이 없다는 것이다. 앵귤러JS의 인기는 대단했으며 사실상의 표준이었다. 하지만 앵귤러가 등장하자 앵귤러JS는 시장에서 급격히 사라져버렸다.

진실은 여러분의 프로젝트가 성공하면 어떤 인기 있는 프레임워크보다도 생명력이 더 오래갈 것이라는 것이다. 언제부터 프로젝트의 '나이'를 걱정하기 시작하는 것이 좋을까? 나는 프로젝트의 라이프사이클에서 새로운 비즈니스 요구를 수용하지 못하게 될 때 소프트웨어(및 프레임워크)가 '레거시'가 된다고 생각한다. 예를 들어 새로운 개발자가 필요하지만 소프트웨어의 오래된 스택 때문에 작업할 수 있는 개발자를 찾을 수 없을 때가 바로 그런 때다.

이런 시나리오에서 스트랭글애플리케이션StrangleApplication(또는 스트랭글러피그애플리케이션StranglerFigApplication) 패턴(https://martinfowler.com/bliki/StranglerFigApplication.html)은 좋은 리팩토링 방법이다. 마틴 파울러Martin Fowler가 만든 이 패턴은 새 애플리케이션을 기존 애플리케이션에 추가한다. 기존 애플리케이션이 스트랭글(없어지게) 될 때까지 몇 년 동안 새 애플리케이션이 조금씩 성장하게 한다. 베로나Verona에서 열렸던 jsDay 2018에서 나는 프론트엔드 애플리케이션에서 이 패턴을 사용하는 방법을 발표했다(https://youtu.be/cTSoFvAUUF8).

발표 때 나와 팀은 앵귤러JS 애플리케이션을 없애고 점차적으로 프레임워크 없는 애플리케이션으로 대체하는 유스케이스를 보여줬다. 그림 8-1은 리팩토링 프로세스의 다이어그램을 보여준다.

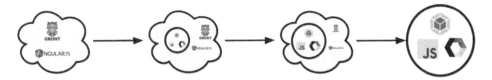

그림 8-1. StranglerApplication을 사용해 앵귤러JS에서 프레임워크 없는 애플리케이션으로 이전

하이프 곡선 따르기

어떤 사람들은 자바스크립트 생태계의 끊임없는 변화에 대해 두려워하지만, 어떤 사람들은 반대로 이에 대해 흥분을 감추지 못한다. 일반적으로 이들은 새로운 '큰 것'을 선택하는 경향이 있다. 문제는 이런 얼리어댑터들이 개척자라는 것이다. 즉 이들은 새로운 기술의 경계를 탐구하는 첫 번째 사람이 될 것이며, 이들이 직면한 문제를 해결하는 데 커뮤니티가 도움이 되지 않는다.

하이프 주기를 활용할 수도 있다. 제품에 노이즈 마케팅이 필요하다면 'VR', '블록체인', '머신러닝' 같은 용어를 사용하라. 마케팅 팀에 도움이 될 것이다. 이를 위해서는 가트너의 하이프 주기^Hype Cycle(www.gartner.com/en/research/methodologies/gartner-hype-cycle)를 알고 있어야 한다. 하이프 주기(그림 8-2 참고)는 시장의 기술 채택을 시각적으로 보여준다.

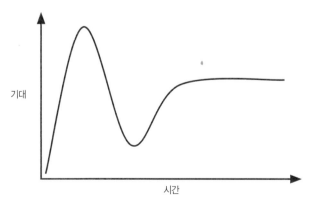

그림 8-2. 가트너의 하이프 주기

마케팅 목적으로 하이프를 활용하려면 무엇보다 하이프 주기 차트에서 스택의 위치를 아는 것이 중요하다.

팁

하이프에 대해 신중한 결정을 내릴 때 가트너의 하이프 주기를 사용한다.

일반적인 경로

일부 팀에서는 프레임워크나 도구에 대해 논의하지 않을 수도 있다. 이들은 모든 프로젝트에 동일한 기술을 사용한다. 10년 전에 제이쿼리로 프로젝트를 성공적으로 수행했다면 모든 프로젝트에 제이쿼리를 사용할 것이다. 이는 일반적으로 개발 팀과의 협의 없이 일방적으로 마감일을 정하는 잘못된 거버넌스^{governance} 모델을 가진 회사에서 자주 일어난다. 이런 회사의 개발자들은 실패를 두려워하기 때문에 익숙한 도구만 사용하려고 한다. 이런 의사 결정 접근 방식은 다음과 같은 콘웨이의 법칙^{Conway's law}(https://en.wikipedia.org/wiki/Conway%27s_law)의 결과 중 하나다.

> 시스템을 설계하는 조직은 이들 조직의 커뮤니케이션 구조의 복사본으로 설계를 하려는 경향이 있다.

따라서 회사가 잘못된 거버넌스 모델을 갖고 있다면 기술 결정이 모델의 영향을 받을 가능성이 크다.

주의

애플리케이션이 최적이 아닌 아키텍처를 갖고 있는 경우 통신 문제가 없는지 확인해야 한다. 문제를 해결하고자 아키텍처를 수정해야 할 수도 있다.

전문가

회사의 거버넌스 모델에서 파생된 또 다른 안티패턴은 '전문가'에 의존하는 것이다. 일부 회사에서는 모든 기술 결정이 '소프트웨어 아키텍처'나 '전문가' 같은 높은 직책을 가진 일종의 전문가에 의해 이뤄진다.

이 사람이 중요한 결정을 내리는 데 필요한 모든 정보를 갖고 있지 않을 수 있기 때문에 매우 위험한 접근 방식이다. 프레임워크의 선택은 매우 중요한 결정이며, 따라서 가능하면 여러 사람과 협력적으로 진행돼야 한다.

팁

자신이 아키텍처라면 프레임워크 관련 결정을 내릴 때 엔지니어와 협력하기 바란다. 반대로 엔지니어라면 아키텍처에게 협력을 요청하라.

이 접근 방식의 위험성은 전문가가 갖고 있는 기술과는 전혀 관련이 없음을 명심하라. 기술의 문제가 아닌 부족한 정보의 문제다.

분노 주도 결정

어떤 프레임워크를 사용해야 하는지는 몰라도 어떤 프레임워크를 피해야 하는지는 잘 알고 있는 팀도 있다. 이는 팀이 프로젝트를 실패했을 때 자주 일어난다. 그들은 부적절한 프레임워크의 선택을 비난한다. 그러나 실패한 이유를 조사해보면 많은 경우 실패는 프레임워크를 사용하는 기술이나 잘못된 거버넌스 모델 때문이었음을 알게 됐다.

프레임워크 없는 운동 선언문

앞에서 설명했듯이 이 책은 프레임워크 없이 개발하고 중요한 결정을 내리는 데 관심이 있는 개발자 그룹인 '프레임워크 없는 운동Frameworkless Movement'과 연관이 있다. 이 운동의 선언문(https://github.com/frameworkless-movement/manifesto)에는 프레임워크 없는 운동을 믿는 사람들이 기술적인 결정을 내려야 할 때 따르는 원칙이 나와 있다.

이번 절에서는 이런 원칙을 분석하고 일상적인 작업에 어떻게 활용할 수 있을지 알아본다.

첫 번째 원칙

첫 번째 원칙은 다음과 같다.

소프트웨어의 가치는 코드 자체가 아니고 왜 코드가 존재하는지에 대한 이유다.

다시 말해 소프트웨어에 대한 신중한 결정(프레임워크 선택과 같은)을 내리려면 소프트웨어 개발의 이유를 명확히 해야 한다. 프로젝트의 비즈니스 모델 캔버스BMC, Business Model Canvas를 참고하라. BMC는 회사가 소프트웨어로 돈을 버는 방법을 시각적으로 보여준다. www.strategyzer.com/canvas/business-model-canvas에서 비어있는 캔버스를 다운로드할 수 있다. 좀 더 자세한 정보가 필요하다면 알렉산더 오스터

왈더^{Alexander Osterwalder}와 예스 피그누어^{Yves Pigneur}의 『비즈니스 모델의 탄생(Business Model Generation)』(타임비즈, 2011)을 읽어보기 바란다.

이 캔버스는 정보를 가진 9개의 '블록'으로 구성돼 있다.

- **고객 세그먼트:** 회사에서 서비스하려는 고객
- **가치 제안:** 회사가 고객의 요구를 충족시키고자 제공하는 제품(또는 서비스)
- **핵심 활동:** 가치 제안을 개발하는 데 필요한 가장 중요한 활동
- **핵심 자원:** 가치 제안을 개발하는 데 필요한 자원

기술 결정은 BMC에서 얻은 정보를 기반으로 해야 한다.

팁

회사에 프로젝트의 BMC가 없다면 관리자에게 연락해 새로 작성하게 한다.

두 번째 원칙

두 번째 원칙은 다음과 같다.

> 모든 결정은 콘텍스트를 고려해 내려야 한다. 특정 콘텍스트에서 결정한 좋은 선택이 다른 콘텍스트에서는 나쁜 선택이 될 수도 있다.

이 원칙은 명확해보인다 하지만 문제는 소프트웨어 애플리케이션의 '콘텍스트^{context}'를 어떻게 정의할 것인가이다. 내가 찾은 효과적인 방법은 비기능적 요구 사항^{NFR, Non-Functional Requirements} 리스트를 사용하는 것이다. 우리는 기능적 요구 사항이 무엇인지, 소프트웨어가 무엇을 해야 하는지 정의하는 방법을 알고 있다. 일반적으로 사용자 스토리 형식으로 제공된다.

> 익명 사용자로 로그인해 프리미엄 영역에 접근하고 싶다.

NFR은 소프트웨어 애플리케이션이 수행해야 하는 작업이 아니라 소프트웨어 애플리케이션의 동작 방식을 정의하는 방법이다.

익명의 사용자로 로그인해 1초 이내에 프리미엄 영역에 접근하고 싶다.

보다시피 이 새로운 버전의 사용자 스토리는 소프트웨어의 로그인 기능을 잘 개발하고 있는지 이해하는 데 도움이 된다. 예제의 경우 소프트웨어는 사용자가 1초 이내에 로그인할 수 있을 정도로 성능이 우수해야 한다. 표 8-2는 NFC의 일부 리스트를 보여준다. 전체 리스트는 https://en.wikipedia.org/wiki/Non-functional_requirement에서 위키피디아의 비기능적 요구 사항에 대한 항목을 참조한다.

표 8-2. NFR의 일부 리스트

접근성	유지 관리성	확장성
성능	와우 효과	이식성
진화가능성	사용자 정의 가능성	테스트 가능성
배포 가능성	신뢰성	재사용성

NFR은 기술적인 결정을 내릴 때 고려해야 할 중요한 요소다. 두 소프트웨어에서 기능적 요구 사항은 동일하지만 NFR이 다르다면 다른 기술이 필요할 수 있다. 하지만 아쉽게도 NFR은 일반적으로 소프트웨어를 기술할 때 완전히 무시된다.

주의

신중한 기술적 결정을 내릴 때 기능적 요구 사항만 고려해서는 안 된다. 반드시 NFR을 명심하기 바란다.

세 번째 원칙

세 번째 원칙은 다음과 같다.

> 프레임워크의 선택은 기술적인 것이며 비즈니스 요구를 고려해 기술 담당자가 결정해야 한다.

아주 중요한 포인트다. 프레임워크의 선택은 기술적인 결정이며, 따라서 기술 팀의 책임이다. 하지만 신중한 결정을 내릴 때 반드시 비즈니스 요구도 고려해야 한다는 것이다. 예를 들어 스타트업이라면 TTM$^{Time\ To\ Market}$을 줄이고자 고객의 피드백을 받는 것이 필수적이다. 따라서 TTM을 줄이는 데 필요한 속도와 품질 사이에서 타협점을 찾아야 한다.

네 번째 원칙

네 번째 원칙은 다음과 같다.

> 프레임워크를 선택하게 한 의사 결정 기준을 팀의 모든 구성원에게 알려야 한다.

이 마지막 원칙은 기술적 결정을 내리는 '방법'과 직접적인 관련은 없지만 아주 중요하다. 팀의 구성원(개발자뿐만 아니라) 모두가 특정 결정을 내리게 된 기준을 알아야 한다. 처음의 콘텍스트를 모르면서 결정의 결과를 판단하기란 불가능하기 때문에 매우 중요하다. 브라운필드 프로젝트[1]brownfield project에 참여하게 되면 일반적으로 선택한 아키텍처와 도구에 대해 많은 질문이 생기게 마련이다. 결정에 이르게 한 기준을 알지 못하면 맹인과 다를 바 없다. 의문 없이 결정을 맹목적으로 받아들이거나 또는 반대로 고민 없이 바꿀 수도 있다. 두 시나리오 모두 우리가 원하는 이상향과는 거리가 멀다. 개발자는 어떤 결정도 맹목적으로 내려서는 안 된다.

---

1. 운영 중인 기존시설에 대한 개보수 투자 - 옮긴이

이런 문제를 해결해 줄 수 있는 유용한 도구는 프로젝트의 수명 동안 이뤄진 모든 의미 있는 결정을 추적할 수 있는 LADR[Lightweight Architecture Decision Records]이다. 팀이 결정하는 모든 아키텍처에 대해 ADR[Architectural Decision Record]을 작성한다. 이 ADR은 프로젝트 저장소에 보관해야 하는 번호가 매겨진 마크다운[markdown][2] 파일이다. ADR의 예는 깃허브 https://github.com/Apress/frameworkless-front-end-development/blob/master/Chapter08/ADR-001.MD에서 확인할 수 있다. 모든 ADR에는 다음이 포함돼야 한다.

- 제목[Title]
- 콘텍스트[Context](토론[discussing], 수락[accepted], 중단[deprecated], 대체[superseded] 등)
- 결정[Decision]
- 상태[Status]
- 결과[Consequences]

ADR이 더 이상 유효하지 않아도 삭제하면 안 된다. 이 경우에는 새 결정을 반영하기 위해 새 ADR을 작성하고 이전 결정의 상태는 '대체'로 변경한다. 새 멤버가 프로젝트에 참여하면 반드시 저장소의 모든 ADR을 읽어야 한다.

도구

이번 절에서는 프레임워크로 작업할지 여부를 선택할 때 사용할 수 있는 아주 간단한 기술적 의사 결정 도구들을 알아본다.

---

2. 일반 텍스트 문서의 양식을 편집하는 문법 - 옮긴이

마테오 바카리의 도구

내 친구인 마테오 바카리^{Matteo Vaccari}가 제작한 도구(http://matteo.vaccari.name/blog/archives/1022)는 프로젝트에서 평가하려는 라이브러리/프레임워크 목록을 분류하는 데 매우 유용하다. 모든 라이브러리를 가져와 그림 8-3과 같이 2차원 그래프에 배치해준다.

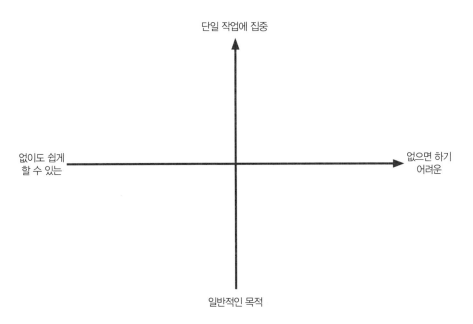

그림 8-3. 마테오 바카리의 도구

모든 요소를 그래프에 배치한 후 이 도구를 이용해 전략을 세울 수 있다.

- **왼쪽 위 사분면:** 여기에 있는 요소는 동일한 기능을 처음부터 구축할 시간적 여유가 있을 때 프레임워크 없는 접근 방식에 적합하다.
- **오른쪽 위 사분면:** 여기에 있는 요소는 코드베이스에 포함돼야 한다. 이에 대한 인터페이스는 반드시 작성해야 한다.
- **오른쪽 아래 사분면:** 여기에 있는 요소는 코드베이스에 추가하거나 또는 윈

쪽 아래 사분면으로 이동하거나 둘 중 하나를 결정할 수 있다.

- **왼쪽 아래 사분면:** 여기에 있는 요소는 코드베이스에 넣지 않아야 한다. 일반적인 용도라면 나중에 제거하기 어렵다.

물론 이 규칙을 반드시 따라야 하는 것은 아니다. 팀과 논의해야 할 예외 사항이 얼마든지 있을 수 있다.

트레이드오프 슬라이더

이 도구는 팀이 소프트웨어의 콘텍스트를 시각화하는 데 도움이 된다. 이는 신중한 결정을 내리는 데 매우 중요한 요소다. 이 도구를 사용할 때 필요한 첫 번째 작업은 비교할 4개 또는 5개의 측정 항목을 선택하는 것이다. 대부분의 경우 품질, 범위, 예산, 마감일의 측정 지표를 사용하지만 프로젝트에서 유용하다고 생각되는 경우 다른 측정 지표를 선택해도 된다. 다음으로 '협상 가능성^{negotiability}' 순으로 지표를 정렬한다. 목록의 최상위 측정 항목을 보호하고자 다른 항목을 희생해야 할 수도 있다.

먼저 각자가 조용히 자신의 목록을 작성한 다음 토론을 거쳐 최종 목록의 합의에 도달한다. 그림 8-4와 비슷한 결과를 얻으면 된다.

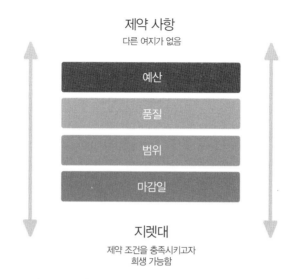

그림 8-4. 트레이드오프 슬라이더

이 도구를 사용할 때는 관리자를 포함시킨다. 측정 지표에 대한 그들의 관점이 필요하며, 목표를 달성하고자 다른 것을 희생할 수도 있다는 점을 이해시켜야 한다. '트레이드오프 슬라이더^{trade-off sliders}'라는 이름은 우연히 생긴 것이 아니다. 모든 결정은 여러 측면이 모두 절충된 결과다.

이 간단한 '게임'은 팀에게 프레임워크에 대한 유용한 정보를 많이 제공해준다. 첫 번째 관심이 마감일이라면 팀에게 가장 익숙한 프레임워크를 선택해야 한다. 이 트레이드오프 슬라이더 버전은 표준 슬라이더와는 조금 차이가 있다. 표준 트레이드오프 슬라이더는 www.atlassian.com/team-playbook/plays/trade-off-sliders 에서 아틀라시안^{Atlassian} 웹 사이트를 읽어보기 바란다.

팁

모든 프로젝트는 트레이드오프를 가진다. 이 도구로 시각화하면 팀의 모든 구성원이 이에 따라 행동하는 데 도움이 된다.

프레임워크 나침반 차트

팀이 프레임워크를 선택하는 데 도움이 되도록 특별히 이 도구를 만들었다. 이 도구는 프로젝트의 가장 중요한 NFR과 이들 간의 관계를 시각화하는 데 도움이 된다. 이 도구는 트레이드오프 슬라이더 같이 개발자와 관리자를 한 자리에 모으기 위한 것이다. 첫 번째 단계는 가장 중요한 5가지 NFR을 선택해 그림 8-5와 같이 나침반 차트에 배치하는 것이다.

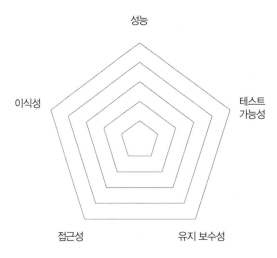

그림 8-5. 빈 프레임워크 나침반 차트

차트에 표시할 NFR을 선택하는 방법에는 여러 가지가 있다. 표 8-3에 일부 도구를 나열했으며 사용 방법의 지침 링크도 포함했다.

표 8-3. NFR 선택을 위한 도구

도구	링크
애자일 회고(Agile Retrospective)	www.atlassian.com/team-playbook/plays/retrospective
SWOT 분석	www.mindtools.com/pages/article/newTMC_05.htm

(이어짐)

도구	링크
영향 매핑	www.impactmapping.org
레고 시리어스 플레이(Lego Serious Play)	www.lego.com/en-us/seriousplay

다음으로 차트에서 각 NFR의 중요성에 대해 투표하고(1점에서 5점 사이) 팀 구성원 간에 합의에 도달한다. 플래닝 포커$^{planning\ poker}$(https://en.wikipedia.org/wiki/Planning_poker) 같은 기술을 사용할 수도 있다. 각자가 동시에 투표를 한 다음 높거나 낮은 점수에 투표를 한 사람은 이유를 설명한다. 그런 다음 합의에 도달할 때까지 이 절차를 반복한다. 투표 결과는 그림 8-6과 같이 차트에 표시한다.

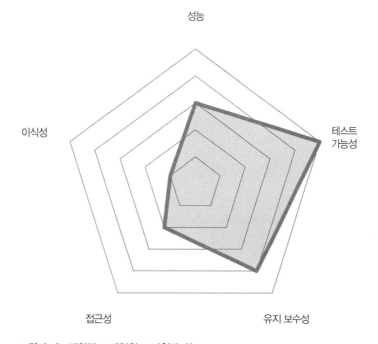

그림 8-6. 채워진 프레임워크 나침반 차트

기술 팀은 이제 이 차트를 '나침반^{compass}'으로 사용해 프레임워크를 선택한다. 평가하려는 각 프레임워크에 대해 그림 8-7에 표시된 것처럼 새 차트를 작성하고 나침반이 어떻게 적용되는지 확인할 수 있다.

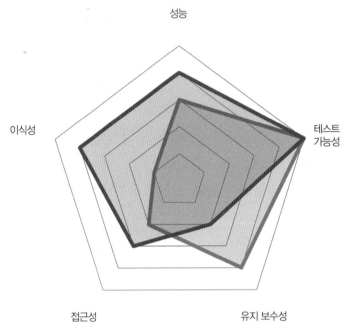

그림 8-7. 프레임워크 나침반 차트의 적합성 검사

이 도구의 가장 중요한 장점은 프로젝트에 유용한 주제에 대해 기술 팀과 논의할 기회를 마련해준다는 것이다. 내가 컨설팅해준 팀들 모두가 성능에 대해 이야기했다. 하지만 관리자와 대화를 나눴을 때 고객 세그먼트에 있어 성능은 그다지 중요하지 않다고 말했다. 이 도구를 사용하면 이와 같은 안티패턴을 방지할 수 있다.

다른 도구

이 외에도 프레임워크를 선택하거나 다른 기술적 결정을 내릴 때 사용할 수 있는 좋은 도구들이 많다. 이런 도구들은 다음 네 개의 영역에서 정보를 수집해야 한다.

- 정체성(우리는 누구인가?)

- 시장(사용자는 누구인가?)

- 가치(소프트웨어는 무엇을 해야 하는가?)

- 콘텍스트(소프트웨어는 어떻게 구성돼야 하는가?)

그림 8-8은 이런 영역과 의사 결정 사이의 관계를 보여준다.

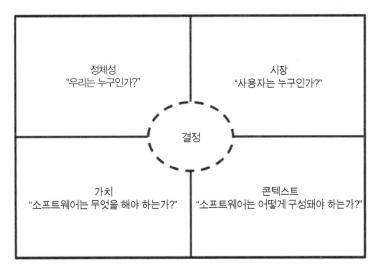

그림 8-8. 기술적 의사 결정 전경

표 8-4는 정보 영역별 도구 목록을 보여준다. 그중 일부는 이미 이전 장들에서 다뤘다.

표 8-4. 의사 결정 도구

영역	도구	링크
정체성	엘리베이터 피치 (Elevator Pitch)	https://www.atlassian.com/team-playbook/plays/elevator-pitch
	파이브 와이 분석 (5 Whys Analysis)	https://www.atlassian.com/team-playbook/plays/5-whys

(이어짐)

영역	도구	링크
정체성	대표 보드(Delegation Board)	https://management30.com/practice/delegation-poker/
	스테이크홀더 맵 (Stakeholder Map)	www.lucidchart.com/blog/how-to-do-astakeholder-analysis
시장	비즈니스 모델 캔버스 (Business Model Canvas)	www.strategyzer.com/canvas/business-model-canvas
	사용자 인터뷰 (Customer Interview)	www.atlassian.com/team-playbook/plays/customer-interview
	사용자 여정 매핑 (Customer Journey Mapping)	www.atlassian.com/team-playbook/plays/customer-journey-mapping
	가치 제안 캔버스 (Value Proposition Canvas)	www.strategyzer.com/canvas/value-proposition-canvas
가치	이벤트스도밍(EventStorming)	www.cventstorming.com
	영향 매핑(Impact Mapping)	www.impactmapping.org
	린 값 트리 (Lean Value Tree)	https://blog.avanscoperta.it/it/2018/08/17/product-discovery-orchestrating-experiments-at-scale/
	사용자 스토리 매핑 (User Story Mapping)	www.jpattonassociates.com/userstory-mapping/
콘텍스트	트레이드오프 슬라이더	www.atlassian.com/team-playbook/plays/trade-off-sliders
	프레임워크 나침반 차트	https://medium.com/flowingis/framework-compass-chart-d3851c25b45d
	SWOT 분석	www.mindtools.com/pages/article/newTMC_05.htm

요약

8장에서는 프레임워크를 선택하거나 다른 기술적 결정을 내릴 때의 의사 결정 원칙의 중요성을 알아봤다. 기술적 의사 결정의 안티패턴과 이들이 조직에 가져올 수 있는 문제를 살펴봤다. 프레임워크 없는 운동의 기본 원리를 분석해보고 여러분과 팀이 신중한 기술적 결정을 내릴 때 도움이 되는 몇 가지 도구를 알아봤다.

프레임워크 없는 프론트엔드 개발

자바스크립트 프레임워크 뜯어보기

발 행 | 2021년 1월 21일

지은이 | 프란세스코 스트라촐로
옮긴이 | 류 영 선

펴낸이 | 권 성 준
편집장 | 황 영 주
편 집 | 조 유 나
디자인 | 윤 서 빈

에이콘출판주식회사
서울특별시 양천구 국회대로 287 (목동)
전화 02-2653-7600, 팩스 02-2653-0433
www.acornpub.co.kr / editor@acornpub.co.kr

한국어판 ⓒ 에이콘출판주식회사, 2021, Printed in Korea.
ISBN 979-11-6175-489-5
http://www.acornpub.co.kr/book/frameworkless-front-end

책값은 뒤표지에 있습니다.